Piri 3

Das Sprach-Lese-Buch

Erarbeitet von
Imke Bünstorf
Kerstin Ende
Renate Erbstößer
Angela Hock-Schatz
Sonja Kargl
Gerlinde Rusch
Ute Schimmler
Karin Schramm
Sabine Trautmann
Kathrin Wiegelmann

Ausgabe für Brandenburg,
Mecklenburg-Vorpommern,
Sachsen, Sachsen-Anhalt,
Thüringen

Ernst Klett Verlag
Stuttgart · Leipzig

Zeichenerklärung:

AH S. 14 Verweis zum Arbeitsheft

S. 20 Verweis zum Lesetext

Verweis zum Leselexikon

(4) Differenzierungsaufgabe Sprache

◯ Differenzierungsaufgabe Lesen

1. Auflage 1 5 4 3 2 1 | 2014 13 12 11 10

Erscheint in: Brandenburg, Mecklenburg-Vorpommern, Sachsen, Sachsen-Anhalt, Thüringen

Erarbeitet von: Imke Bünstorf, Kerstin Ende, Renate Erbstößer, Angela Hock-Schatz, Sonja Kargl, Gerlinde Rusch, Ute Schimmler, Karin Schramm, Sabine Trautmann, Kathrin Wiegelmann

Redaktion: Vivien Renz
Herstellung: Marion Krahmer

Gestaltungskonzeption: sofarobotnik, Augsburg
Illustrationen: Anke Fröhlich, Leipzig; Sylvia Graupner, Annaberg; Heike Herold, Köln; Dieter Konsek, Wilhelmsdorf; Cleo-Petra Kurze, Berlin; Klaus Müller, Berlin; Claudia Weikert, Wiesbaden
Kapitelauftaktseiten: KASSLER Design, Leipzig
Umschlagillustration: Anke Fröhlich, Leipzig
Satz: Alexander Della Giustina, Leipzig
Reproduktion: Meyle + Müller GmbH + Co. KG, Pforzheim
Druck: Offizin Andersen Nexö Leipzig GmbH, Zwenkau

Printed in Germany
ISBN: 978-3-12-300254-0

9 783123 002540

Inhalt

Du und ich

Puppentheater
am 23. Mai
um 14 Uhr
in der Aula
Eintrittskarte
Ich bin Tom.
Lieblingsessen: Spaghetti
Hobby: Fußball
Ich heiße Helene.
Ich esse gern Pizza.
Meine Hobbys sind:
Rad fahren, zeichnen
und schwimmen

Ich und du

stundenplan

Stunde	MO	DI	MI	DO	FR
1	Ma	Sport	D	Ma	D
2	D	Sport	Ma	Ma	Werken
3	D	Mu	H	D	Ma
4	Ku	D	Engl.	D	
5	Ku				
6					

Nach den Ferien

❶ Nach den Ferien ist vieles neu.
Was sind deine Fragen am Anfang des Schuljahres?

Die Kinder der Klasse 3b sind aufgeregt.
Sie wollen wissen,
wie die neue Klassenlehrerin heißt,
wo ihr Klassenraum ist,
wer Sport unterrichtet,
warum Frau Müller nicht mehr ihre Lehrerin ist,
wann sie Schwimmunterricht haben.

❷ Schreibe die einzelnen Fragen der Kinder so auf: *Wie heißt* …

❸ Markiere die Fragewörter und die Fragezeichen.

④ Welche Fragewörter kennst du noch?
Bilde damit Fragen und schreibe sie auf.

AH S. 4

So viele Fragen

Nach dem ersten Schultag geht Lotta nach Hause.
Ihre Mutter hat viele Fragen. Sie will wissen,
ob Lotta nette Lehrer hat,
ob sie neben ihrer Freundin sitzt,
ob sie neue Mitschüler hat,
ob sie neue Schulhefte braucht,
ob sie ihre Bücher einbinden muss,
ob sich Lotta auf den nächsten Tag freut.

1. Schreibe auf, was Lottas Mutter sie fragt:
   Hast du ...?

2. Welche Wortart steht bei diesen Fragesätzen am Anfang?

Bei Fragesätzen **ohne** Fragewörter steht das **Verb** am Satzanfang.

Herr Berger gibt seit diesem Schuljahr
Musikunterricht in der Klasse 3b.
Maro sitzt gespannt auf seinem Platz.
Endlich geht die Tür auf.
Herr Berger kommt in die Klasse.
Er trägt eine Kiste mit Instrumenten
unter dem Arm.
Über seinem Rücken hängt eine Gitarre.
Aufgeregt tuschelt Lotta mit ihrer Freundin.

3. Schreibe alle Sätze als Fragen auf.
   Stelle die Verben an den Satzanfang und
   unterstreiche sie.
   Schreibe so: *Gibt Herr Berger ...?*

4. Schreibe alle Verben in der er/sie/es-Form und
   in der Grundform nebeneinander: *er gibt – geben, ...*

AH S. 5

Zu Hause

Jan schreibt in sein Tagebuch:

Herr Berger ist unser neuer Musiklehrer. Bei ihm macht es mehr Spaß als bei Frau Müller.
Frau Müller hat mit uns immer nur gesungen.
Immer sagte Frau Müller: „Seid leise!"
Herr Berger lässt uns selbst Instrumente aus-probieren. Herr Berger lässt uns sogar Gitarre spielen. Wenn es dabei laut wird, schimpft Herr Berger nicht gleich.

❶ Lies den Text. Was kannst du verbessern?

❷ Setze für die markierten Namen er oder sie ein.
Schreibe den verbesserten Text auf.

> Für Substantive kann man **Pronomen (Fürwörter)** einsetzen:
> **ich, du, er, sie, es, wir, ihr, sie**.
> Pronomen richten sich **nach dem Artikel** des Substantivs:
> **der** Mann – **er**, **die** Frau – **sie**, **das** Kind – **es**, **die** Kinder – **sie**.

Maro kommt begeistert nach Hause.
Er erzählt aufgeregt:
„Er hatte heute zum ersten Mal bei uns Unterricht.
Wir durften sie ausprobieren.
Sie hatte eine Trommel, er Klanghölzer.
Er hat nicht gemeckert, obwohl es ziemlich laut wurde.
Danach spielte er uns auf seiner Gitarre Melodien vor.
Sie hat fast nur mit uns gesungen."
Maros Eltern verstehen aber kein Wort. Was meint er nur?

Herr Berger
die Instrumente
Tina | Tom
Herr Berger
Frau Müller

❸ Schreibe den Text so auf, dass Maros Eltern ihn verstehen können.
Ersetze die markierten Pronomen durch die Substantive am Rand.

S. 16/17

AH S. 6

Die Neue

In der Klasse 3b steht plötzlich eine neue Schülerin in der Tür.

1. Kannst du dir vorstellen, wie sich die neue Schülerin fühlt?
2. Was würdest du tun?
3. Schreibe auf, was du zu der neuen Mitschülerin sagen könntest.
4. Sprecht in der Gruppe darüber.
   Spielt vor, wie ihr dem neuen Mädchen helft.

S. 17

Wie Freunde sind

1. Welche Eigenschaften werden von den Kindern genannt? Schreibe alle Adjektive heraus.

2. Wie soll deine Freundin oder dein Freund sein? Erzähle.

Kyra ist jetzt Lottas beste Freundin. Beide sind musikalisch und spielen ein Instrument. Außerdem finden sie die gleichen Dinge witzig. Weil beide tierlieb sind, wollen sie später als Tierärztin oder Tierpflegerin arbeiten. Die Mädchen sind eifersüchtig, wenn die andere zu lange mit einer Klassenkameradin redet.

3. Welche Eigenschaften verbinden die beiden Mädchen? Schreibe die Adjektive heraus.

4. Schreibe die vier Substantive mit der Endung -in mit Artikel untereinander auf. Bilde dazu jeweils die Mehrzahl:
   die Freundin – die Freundinnen, …

5. Schreibe aus der Wörterliste weitere Substantive mit der Endung -in heraus. Bilde daneben die Mehrzahl.

S. 18/19

Die Klassensprecherwahl

Die Kinder der 3b haben Steckbriefe für die Klassensprecherwahl geschrieben.

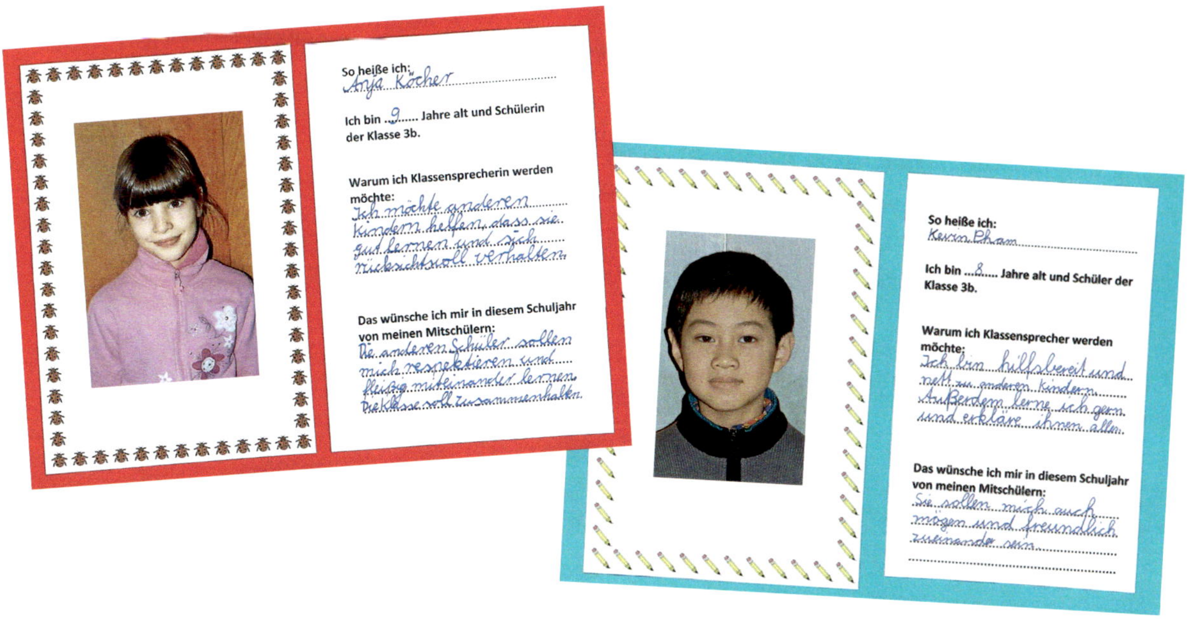

1. Welche Eigenschaften und Fähigkeiten sollte ein Klassensprecher oder eine Klassensprecherin haben?
2. Für welche Ziele sollte sich die Klassensprecherin oder der Klassensprecher einsetzen?

Die Klassensprecherwahl

Zuerst sammeln wir …
Danach teilen wir …
Anschließend …
Nun …
Schließlich …
Zum Schluss …

- *Stimmzettel auszählen*
- *Stimmzettel austeilen*
- *das gewählte Kind fragen, ob es die Wahl annimmt*
- *Vorschläge an der Tafel sammeln*
- *geheim wählen*
- *dem gewählten Kind gratulieren*

3. Schreibe den Wahlvorgang geordnet in Sätzen auf.
4. Ihr könnt selbst eine Klassensprecherwahl durchführen.

Auch Freunde streiten

Am Mittwoch ist schönes Wetter und die Kinder der 3. Klasse rennen wie immer über den Hof. Lotta versucht Jan zu entkommen. Aber er kann sie am Ärmel fassen. Da reißt die Naht und der Pullover bekommt ein Loch. Lotta ist sauer.

❶ Schreibe den Text ab.

❷ Unterstreiche alle Wörter mit doppelten Konsonanten. Markiere den kurz gesprochenen Vokal.

Mitlaute nennen wir auch **Konsonanten**.
Selbstlaute nennen wir auch **Vokale**.

Lotta schreibt auf einen Zettel:

Hallo Jan,
falls wir wieder zusammen „Wegrennen" spielen,
lass bitte gleich los, wenn du mich „Stopp"
rufen hörst.
Lotta

❸ Schreibe die Wörter mit doppelten Konsonanten aus dem Brief heraus. Markiere die kurz gesprochenen Vokale.

❹ Schreibe die Wörter mit den fehlenden doppelten Konsonanten auf.

So__e Scho__e Ra__el Pi__a Me__er Li__en

⑤ Kennst du noch mehr Wörter mit doppelten Konsonanten?

S. 21

AH S. 8

Sich streiten und vertragen

Zwei Mädchen aus der vierten Klasse haben Spaß daran, Igor einen Schreck einzujagen. Heute haben sie die Idee, ihn zu schubsen. Sie lachen vor Freude und halten ihn fest. Da bekommt Igor Angst und schreit. Zum Glück hört Maro ihn.

1. Was kann Maro tun? Spielt vor, wie Maro Igor hilft.
2. Welche Substantive im Text stehen für Gefühle und Gedanken? Schreibe sie mit Artikel auf.
3. Bilde eigene Sätze mit diesen Substantiven.

Auch **Gefühle und Gedanken** werden durch **Substantive** ausgedrückt. Sie werden wie alle Substantive großgeschrieben und haben Artikel: der Streit, die Idee, das Glück.

Igor und seine Freunde spielen Fußball.
Die beiden Mädchen aus der vierten Klasse stehen am Spielfeldrand.
„Na, du Niete! Du kannst doch gar kein Tor schießen!", sagt Lea.
Igor reagiert nicht auf die miesen Sprüche. Die Mädchen probieren es immer wieder. Dann ruft Maro ihnen zu: „Spielt doch lieber mit, als hier zu meckern!" Zögernd schließen sie sich den Jungen an.
Schließlich haben alle Spaß miteinander und die Mädchen haben Igor nie wieder geärgert.

4. Schreibe alle Wörter mit ie aus dem Text heraus.
5. Was wäre, wenn Maro etwas anderes gerufen hätte? Spielt die unterschiedlichen Situationen nach.

S. 19/20

AH S. 9

Gemeinsam etwas tun

Die Kinder der Klasse 3b wollen ein Sportfest organisieren.
In Gruppen überlegen sie sich, welche Stationen sie aufbauen können.

❶ Welche Ideen habt ihr? Sammelt sie in der Gruppe.

Lottas Gruppe will einen „Hexenlauf" vorbereiten. Sie fasst zusammen:
„Ich besorge die Hexenbesen. Jonas, du bringst die Bälle mit.
Tim will Schiedsrichter sein. Dafür braucht er eine Trillerpfeife.
Kyra holt die Kegel aus der Sporthalle. Die stellt sie in einer Reihe auf.
Das Rennen macht Spaß, aber es ist nicht so einfach.
Wir müssen die Bälle mit dem Besen um die Hindernisse fegen.
Könnt ihr an die Stoppuhren denken?
Was machen wohl die anderen Gruppen? Sie treffen sich morgen."

❷ Erkläre den Hexenlauf.

❸ Schreibe ab, was Lotta sagt. Unterstreiche die Pronomen.

❹ Schreibe die Pronomen untereinander auf.

❺ Schreibe hinter jedes Pronomen die richtige Form des Verbs „spielen". Schreibe so: *ich spiele, …*

S. 22/23

AH S. 10

Die Klasse 3b schreibt einen Brief an die Schulleiterin:

> Liebe Frau Marek,
> wir möchten für die dritten Klassen ein Sportfest organisieren. Unser Klassensprecher hat alle Vorschläge gesammelt und würde sie Ihnen gerne zeigen. Wenn Sie mit ihnen einverstanden sind, können wir die anderen Klassen einladen. Wir glauben, dass sie sich freuen werden. Es wäre schön, wenn Sie uns dafür zwei Stunden frei geben würden, damit alle Drittklässler mitmachen können.
> Ihre Klasse 3b

6 Kannst du erklären, warum die Pronomen sie, ihre und ihnen manchmal großgeschrieben werden?

7 Schreibe den Brief ab. Unterstreiche alle Pronomen, mit denen Frau Marek angesprochen wird.

> Die **Anredepronomen „Sie“**, **„Ihr“**, **„Ihre“** und **„Ihnen“** werden großgeschrieben.

Tim schreibt an die Sportlehrerin:
Liebe Frau Winter,
was brauchen ___ für den Dreibeinlauf?
Frau Marek hat gesagt, dass ___ auch kommen will.
Sie wird ___ noch Bescheid sagen.
Soll ___ noch Plastikeier für den Eierlauf mitbringen?
Ich finde es toll, dass ___ uns helfen.
Vielen Dank!
___ Tim

8 Schreibe den Brief ab. Setze die richtigen Pronomen ein.

S. 24/25

AH S. 11

Ich schreibe in mein Tagebuch

Ich schreibe in mein Tagebuch,
wenn ich mal traurig bin.
Wenn Heike mich belogen hat
und mich am Haar gezogen hat,
und alle sind gemein.
Kommt Mutti ärgerlich nach Haus
und lässt die Wut dann an mir aus,
das schreib ich alles ein.

Ich schreibe in mein Tagebuch,
wenn ich ganz fröhlich bin.
Wenn's Hamsterweibchen Junge kriegt,
wenn sie sich an die Kleinen schmiegt,
so kuschelig im Nest.
Wenn Papa sonntags Frühstück macht
und über Mamis Faxen lacht,
dann halte ich das fest.

Ich schreibe in mein Tagebuch,
wenn ich mal wütend bin.
Wenn meine Schwester mich verpetzt
und sich dann lächelnd zu mir setzt,
als wäre nichts geschehn.
Dann schreib ich meine ganze Wut
ins Tagebuch, Mensch, das tut gut.
Nur sie darf das nicht sehn.

AH S. 12

Ich schreibe in mein Tagebuch,
was niemand wissen muss.
Nimmt Christian, den ich gerne hab,
mir meinen schweren Ranzen ab
und trägt ihn zu mir rauf.
Wenn er mir eine Muschel schenkt,
sagt, dass er manchmal an mich denkt,
dann schreib ich mir das auf.

Ich schreibe in mein Tagebuch,
was ich am Tag erleb.
Und später, wenn ich Oma bin,
dann setz ich mich gemütlich hin
und lese, was da steht.
Dann flüstert mir mein Mann ins Ohr:
Komm, lies mir das noch einmal vor!
Nein, wie die Zeit vergeht!

Gerhard Schöne

Ich bin so, wie ich bin

Ich bin so, wie ich bin,
und ich find das auch nicht schlimm!
Du bist so, wie du bist,
und das Beste daran ist:
Ich mag dich, du magst mich!
Wer's nicht glaubt, der merke sich:
Ich bin so, wie ich bin!
Das ist gut und echt nicht schlimm!

Peter Scheerbaum

- Was ist besonders an dir?
- Was magst du an anderen Menschen?

So stachelig wie ein Kaktus S. 31

In der Schule ist große Pause. Anne steht auf dem Schulhof am Zaun.

Sie hält sich an den Holzlatten fest. Anne ist wütend auf Dieter. Der hockt auf der Bank unterm Kastanienbaum. Anne kann ihn nicht sehen. Dieter ist nämlich in einem Knäuel von Kindern verschwunden.

Er hat sich gestern in der Turnstunde den linken Arm gebrochen.

Heute kam er mit einem dicken Gipsverband in die Schule. Nun wollen die Kinder aus seiner Klasse auf den Arm schreiben. Anne wollte das auch.

Aber Dieter hat sie weggeschickt.

„Du hast so eine Krakelschrift“, hat er gesagt. „Und schmieren tust du auch.“ Anne ist traurig. Es stimmt, was der Dieter gesagt hat. Sie kann wirklich immer noch nicht gut schreiben.

„Das lernst du schon noch“, tröstet sie Frau Kerger immer. Frau Kerger ist die Klassenlehrerin. Sie meint, dass Anne sehr gut malen kann.

Das stimmt auch. Darum kann Anne dem Dieter doch etwas auf den Gips malen. Ein Haus, eine Blume oder ein Eichhörnchen.

Als es klingelt, läuft Anne mit den anderen Kindern ins Klassenzimmer.

Dieter hat seinen Platz neben Anne.

Er legt seinen Gipsarm auf den Tisch. Anne kann lesen, wer auf den Arm geschrieben hat. In roter, grüner, gelber und blauer Schrift. Claudia, die immer mit Dieter nach Hause geht, hat sogar ein rotes Herz draufgemalt.

Wieso ist das nicht mein Gipsarm, denkt Anne. Dann dürften alle Kinder aus der Klasse draufmalen. Alle! Nur der Dieter nicht. Wenn ich so einen Gipsarm hätte, dann möchte ich auch so ein Herz draufhaben.

Anne schiebt den Ärmel von ihrem Pulli hoch und malt auf ihren Arm ein kleines blaues Herz. Neben das Herz einen Pinguin. Der steht auf einer Eisscholle. Oben scheint die Sonne.
Dieter stupst sie an. „He du, Anne“, sagt Dieter. „Anne, malst du mir auch so einen kleinen Pinguin auf meinen Gipsarm?“
„Nee“, sagt Anne. „Einen Pinguin bekommst du nicht. Aber wenn du willst, mal’ ich dir einen Kaktus.“
„Einen Kaktus?“, fragt Dieter. „Warum denn das?“
„Weil der so stachelig ist. Genauso stachelig wie du.“ Anne lacht.

Ursula Fuchs

- Fühltest du dich auch schon einmal ausgeschlossen?

Wutgedicht

Ich habe eine Wut im Bauch
und fühl’ mich gar nicht toll.
Ich möchte, dass die Wut jetzt geht.
Weiß nicht, wie’s gehen soll.

Ich stampfe mit den Füßen auf
und klatsche in die Hand.
Ich möchte, dass die Wut jetzt geht.
Sie raubt mir den Verstand.

Ich schließe meine Augen
und zähle: eins, zwei, drei.
Ich denk’ an meine Freunde,
bald ist die Wut vorbei.

Sabine Trautmann

Das große Schimpfgedicht

Ach, wie bin ich heute wütend,
böse bin ich, wild und toll,
schimpfen will ich, dass die Türe
und die Decke wackeln soll.
Schafskopf, Ochse, Esel, Schwein,
Rindvieh, Trottel, Knickebein!

Morgens ließ mich in der Klasse
unser Lehrer nicht in Ruh –
oh, wie ich das Rechnen hasse
und das Schreiben noch dazu.
Sabbelheini, Hundedreck,
Vogelscheuche, Kinderschreck!

Ich verlor die neue Mütze,
ich verstauchte mir das Bein,
und mein Ball flog in die Pfütze,
pfui, das finde ich gemein!
Blödmann, Prahlhans, Riesengroß,
Tollpatsch, Trampel, Trauerkloß!

Gleich darauf beim Mittagessen
(wieder bloß Spinat mit Ei),
„Händewaschen nicht vergessen!"
gab´s ein großes Zorngeschrei.
Suppenkaspar, Dämelack,
Langer Lulatsch, Affen-Frack!

Ilona Bodden

- Wie könnt ihr das Gedicht mit verteilten Rollen vortragen?

Warum sich Raben streiten S. 31

Weißt du, warum sich Raben streiten?
Um Würmer und Körner und Kleinigkeiten,
um Schneckenhäuser und Blätter und Blumen
und Kuchenkrümel und Käsekrumen
und darum, wer Recht hat und Unrecht, und dann
auch darum, wer schöner singen kann.

Mitunter streiten sich Raben wie toll,
darum, wer was tun und lassen soll,
und darum, wer Erster ist, Letzter und Zweiter
und Dritter und Vierter und so weiter.

Raben streiten um jeden Mist.
Und wenn der Streit mal zu Ende ist,
weißt du, was Raben dann sagen?
Komm, wir wollen uns wieder vertragen!

Frantz Wittkamp

- ● Weißt du, warum sich Kinder streiten?
- ○ Du kannst dein eigenes Gedicht schreiben.

Freundschaftsspiele

Die warme Dusche

Ein Kind geht vor die Tür. Alle überlegen, was sie an diesem Kind toll finden. Das Kind wird hereingerufen und setzt sich in die Mitte des Stuhlkreises. Nun sagt ein Kind nach dem anderen der Mitschülerin oder dem Mitschüler etwas Nettes.

Vöglein, piep einmal!

Einem Kind werden die Augen verbunden, während die anderen Kinder im Kreis sitzen. Es setzt sich auf den Schoß eines Spielers und fordert ihn auf: „Vöglein, piep einmal!" Der Spieler antwortet mit „piep". Er kann dabei seine Stimme verstellen. Das Kind muss erraten, auf wessen Schoß es sich gesetzt hat.

Mit Worten streicheln

Jedes Kind schreibt auf einen Zettel seinen Namen. Nun werden die Zettel eingesammelt und gemischt. Jeder zieht verdeckt einen Zettel und schreibt dem Kind, das er gezogen hat, etwas Freundliches auf. Ihr könnt das ein paar Mal wiederholen.

Wer fehlt?

Ein Kind wird vor die Tür geschickt. Nun versteckt sich ein Schüler oder eine Schülerin unter einem Laken. Alle anderen Kinder tauschen die Plätze. Das Kind kommt herein und muss erraten, wer fehlt.

Ich und du

Setzt euch zu zweit nebeneinander.
Nun versucht gemeinsam mit nur
einem Stift ein Haus zu zeichnen.
Schafft ihr es auch ohne zu sprechen?

Suche dir einen Partner oder eine Partnerin!
Nun binde dein linkes Bein mit dem rechten
Bein des anderen Kindes zusammen.
Wie lange braucht ihr um eine längere
Strecke gemeinsam zurückzulegen?

Stellt euch paarweise gegenüber auf!
Nun bewegt sich ein Kind. Das andere Kind
ahmt alle Bewegungen genau nach,
als ob es das Spiegelbild sei.
Nun wechselt die Rollen.

Vertraue mir

Bildet Paare! Nun verbindet jeweils
einem Partner die Augen.
Der andere führt seinen Partner an
Hindernissen vorbei bis zu einem
sicheren Ziel.

In der Turnhalle legen sich alle
Kinder in Abständen auf den Boden.
Der Letzte in der Reihe steht auf
und springt nacheinander über
jedes liegende Kind.
Dann legt er sich wieder flach hin.
Nun darf das nächste Kind
über die anderen hüpfen.

AH S. 13

Das Sams in der Schule

Das Sams war bereits vier Tage bei Herrn Taschenbier. Am Morgen des fünften Tages wünschte sich Herr Taschenbier, das Sams solle in die Schule gehen. So musste das Sams dies auch tun …

Als Herr Groll in die Klasse kam, herrschte dort große Aufregung.

„Ruhe!“, donnerte er und schlug mit dem Buch auf die erste Bank. Schlagartig verstummten alle Schüler, rannten zu ihren Plätzen und stellten sich auf.

„Was soll der Lärm?“, fragte er barsch.

„Da ist ein Neuer“, sagte ein Schüler.

„Der sieht so komisch aus“, sagte ein anderer.

„Er hat einen Anzug wie ein Froschmann“, rief ein Dritter.

„Und das ganze Gesicht voller Tintenflecken“, fügte ein Vierter hinzu.

„Ruhe!“, schrie Herr Groll noch einmal.

„Redet doch nicht alle durcheinander!“

Streng sah er von einem Schüler zum anderen …

„Setzen!“, befahl er dann, und die Schüler setzten sich aufatmend nieder.

Jetzt wandte er sich dem Neuen zu …

Herr Groll stellte sich vor ihm auf.

„Wie heißt du?“, fragte er.

„Robinson“, sagte der neue Schüler und lachte. Es war das Sams.

„Du sollst hier nicht lachen!“, befahl Herr Groll und runzelte die Stirn.

„Warum nicht?“, fragte das Sams.

„Weil man hier nicht lacht“, erklärte Herr Groll.

„Doch, man lacht hier“, stellte das Sams richtig. „Schau her!“

Und es lachte, dass sein Mund von einem Ohr zum anderen zu reichen schien. Die Kinder lachten mit, so ansteckend wirkte das.

„Ruhe!", schrie Herr Groll wütend. „Außerdem sagt man nicht du zu mir. Das solltest du in deinem Alter längst wissen."
„Wie denn dann?", fragte das Sams erstaunt.
„Du sagst Sie zu mir, verstanden!", erklärte er.
„Sie?", fragte das Sams verblüfft. „Bist du denn eine Frau?"
„Lümmel", schimpfte Herr Groll. „Mich als Frau zu bezeichnen, so eine Frechheit!"
„Ist eine Frau denn etwas Schlimmes?", fragte das Sams.
„Nein, natürlich nicht", lenkte Herr Groll ein.
„Warum schimpfst du dann?", fragte das Sams.
„Sie!", verbesserte Herr Groll aufgebracht.
„Sie schimpft?", fragte das Sams und schaute sich um.
„Ich kann sie gar nicht sehen." „Wen?"
„Die Frau, die schimpft."
„Wer hat denn was von einer Frau gesagt?"
„Du", erklärte das Sams. „Sie!", verbesserte Herr Groll erregt.
„Schon wieder sie. Das scheint aber eine freche Frau zu sein. Überall mischt sie sich ein."
„Hör jetzt endlich auf, von deiner Frau zu faseln", schrie Herr Groll.
„Das ist nicht meine Frau", sagte das Sams.
„Ich bin nicht verheiratet. Ich bin viel zu jung …"
„Ruhe!", brüllte der Lehrer dazwischen.
„Meinst du mich?", fragte das Sams.
„Sie!", verbesserte Herr Groll gereizt.
„Ach so, die Frau", sagte das Sams verstehend.
Herr Groll sah verzweifelt an die Decke.

Paul Maar

- Warum musst du über Herrn Groll lachen?
- Wie kommt es zu dem Missverständnis zwischen dem Sams und Herrn Groll?
- Ihr könnt die Geschichte nachspielen oder ein Hörspiel gestalten.

AH S. 14

Selbstlaute und Mitlaute

❶ Immer zwei Selbstlaute passen. Schreibe beide Wörter auf.

a e i o u

H░se P░ppe M░nd w░nn R░nd B░ch

❷ Setze unterschiedliche Mitlaute ein.
Schreibe alle Reimwörter untereinander auf.

░ ose ░ ind ░ und ░ and ░ asse ░ ein
░ ░ ░ ░ ░ ░

❸ Lies die Sätze so schnell wie möglich.

Hasen hoppeln hechelnd Hügel hoch.
Durch das Dorf düsen drei dicke Dackel.
Flinke Fischer fangen frische Fische.

❹ Schreibe eigene Sätze mit dem gleichen Anfangsbuchstaben.

Einzahl und Mehrzahl

❺ Schlage jedes Wort in der Wörterliste nach.

❻ Ordne die Wörter nach dem Abc.
Schreibe die Substantive mit Artikel untereinander auf.

❼ Schreibe dahinter die Mehrzahl.
Vergleiche mit der Wörterliste.

Wortgrenzen

DIEKINDERSPIELENIMGARTEN.
MAROVERSTECKTSICHHINTERDEMBUSCH.
DORTFINDETIHNPAUL.
JETZTMUSSMAROSUCHEN.

1. Schreibe die Sätze richtig auf. Achte auf die Schreibung der Wörter.

Sätze erkennen

In den Ferien war Lotta im Zoo dort sah sie viele seltsame Tiere die Faultiere waren witzig am besten gefiel Lotta das Lama das durfte sie sogar streicheln sein Fell war ganz weich leider war der Tag zu schnell vorbei

2. Schreibe den Text richtig auf.
3. Unterstreiche die Punkte und die Satzanfänge.

Wortarten

4. Bilde sinnvolle Sätze. Schreibe sie auf.

Die Kinder	klettern	bunt
Der Affen	blühen	weit
Die Vögel	springen	schnell
Die Blumen	rennen	laut
Die Frösche	singen	hoch

5. Unterstreiche in jedem Satz jeweils das Substantiv, das Verb und das Adjektiv in unterschiedlichen Farben.
6. Schreibe jedes Substantiv in der Einzahl untereinander auf.
7. Bilde die Sätze nun so: *Das Kind rennt schnell. …*
8. Markiere jeweils die Veränderung der Verben.

Fragesätze und Aussagesätze

Wer?	Wo?	Was?	Wie?	Wann?	Warum?	Wem?

▒▒▒ spielst du am liebsten?
▒▒▒ wünschst du dir von Freunden?
▒▒▒ würdest du gern mal schreiben?
▒▒▒ versteht dich am besten?
▒▒▒ bist du glücklich?
▒▒▒ bist du traurig?

1. Ergänze die Fragewörter und schreibe die Fragen ab.
2. Beantworte die Fragen in Sätzen.
3. Ein Fragewort bleibt übrig. Bilde damit eine Frage.

Helene möchte, dass Fritz ihr eine Muschel schenkt. Sie fragt: ...
Fritz will wissen, ob sie Herzmuscheln mag. Er fragt: ...
Helene fragt, ob er die Muscheln im Urlaub gefunden hat. Sie fragt: ...
Fritz möchte, dass Helene das Geheimnis für sich behält. Er fragt: ...

4. Schreibe die Fragen so auf: *Schenkst du ...*
5. Unterstreiche die Verben farbig.

Pronomen

Die Pause ist vorbei.
Fritz und Helene laufen ins Schulhaus.
Plötzlich schubst Jonas Fritz von hinten.
Fritz stolpert und die Schachtel
mit den Muscheln fällt herunter.
Nun hat Fritz Angst, dass die Muscheln
kaputt sind. Helene schimpft mit Jonas.
Jonas ist ganz erschrocken.
Was soll Jonas jetzt tun?

6. Welche Namen oder Substantive kannst du durch Pronomen ersetzen?
7. Schreibe den veränderten Text auf. Markiere die Pronomen.

Besondere Eigenschaften

vergesslich | unfreundlich | ehrlich | sportlich | fröhlich | ängstlich

Tom grüßt seinen Lehrer nur selten.
Er ist ____.
Jonas spielt ganz toll Fußball.
Er ist ____.
Jana sagt immer die Wahrheit.
Sie ist ____.
Maximilian lacht viel.
Er ist ____.
Carola vergisst öfter ihr Pausenbrot.
Sie ist ____.
Die neue Schülerin redet nur ganz wenig.
Sie ist ____.

1. Schreibe die Sätze ab und ergänze die passenden Adjektive.
2. Schreibe nun so: *Tom ist ein unfreundlicher Junge.*
3. Schreibe auch Sätze zu den Kindern deiner Klasse.

Anredepronomen

Kyra schreibt an ihre Klassenlehrerin:

Ihre | Sie | Sie | sie | Ihnen | sie | Sie

Liebe Frau Toben,
____ haben doch mit uns die Geschichte vom Sams gelesen.
Im Kindertheater wird das Sams gerade aufgeführt. Es wäre schön, wenn ____ mit uns eine Vorstellung besuchen.
Meine Mutter hat gesagt, dass ____ die Karten besorgen könnte. Deswegen will ____ morgen mit ____ telefonieren.
Bitte gehen ____ mit uns dort hin.
____ Kyra

4. Schreibe den Brief ab. Setze die passenden Pronomen in den Brief ein.

Wörter mit ie

Das Sp▒l der R▒sen

Die v▒r R▒sen gehen spaz▒ren.
S▒ sch▒ben d▒ Berge zur Seite.
Anschl▒ßend sp▒len s▒ Fußball und
sch▒ßen Tore mit Kürbissen.
Dann machen s▒ Pause und prob▒ren
l▒ber die v▒len Früchte.
Schl▒ßlich gehen die R▒sen
w▒der nach Hause.

❶ Setze ie ein. Schreibe den Text vollständig auf.
Unterstreiche alle ie .

❷ Schreibe die Wörter auf.

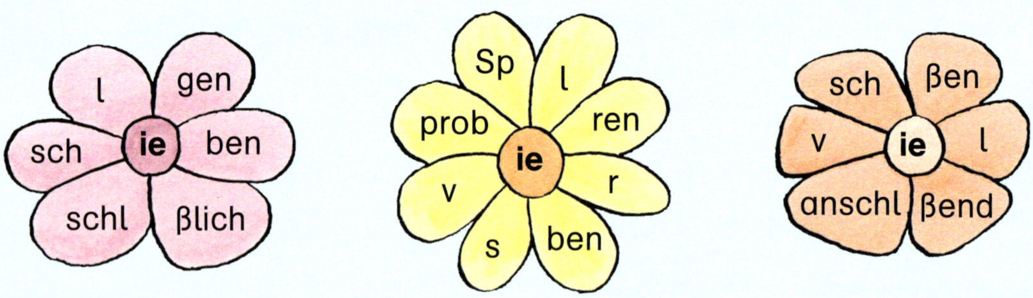

Beim Sportfest

Vier Kinder bereiten den Hexenlauf vor.
Kyra schiebt die sieben Kegel in die Reihe.
Die Besen liegen schon bereit.
Anschließend probiert Tim die Stoppuhren aus.
Schließlich können die Spiele beginnen.
Nun schießen sie die Bälle um die Kegel.
Alle haben viel Spaß.

❸ Übe den Text als Diktat.

vier schieben anschließend viel probieren schießen schließlich

So stachelig wie ein Kaktus S. 18/19

❶ Schreibe die Sätze auf, die zu der Geschichte passen.

Anne kann sehr gut malen.
Anne kann sehr gut schreiben.

Claudia hat auf Dieters Gipsverband ein rotes Herz gemalt.
Claudia hat auf Dieters Gipsverband ein blaues Herz gemalt.

Anne malt auf Dieters Gipsarm ein Herz und einen Pinguin.
Anne malt auf ihren Arm ein kleines Herz und einen Pinguin.

Dieter findet Annes Pinguin toll.
Dieter findet Annes Pinguin hässlich.

Anne will auf den Gipsverband einen Pinguin zeichnen.
Anne will auf den Gipsarm einen Kaktus zeichnen.

Warum sich Raben streiten S. 21

❷ Finde die Reimwörter. Schreibe das Gedicht auf.

Weißt du, warum sich Raben streiten?
Um Würmer und Körner und ____,
um Schneckenhäuser und Blätter und Blumen
und Kuchenkrümel und ____
und darum, wer Recht hat und Unrecht, und dann
auch darum, wer schöner ____ ____.

Mitunter streiten sich Raben wie toll,
darum, wer was tun und lassen ____,
und darum, wer Erster ist, Letzter und Zweiter
und Dritter und Vierter und so ____.

Raben streiten um jeden Mist.
Und wenn der Streit mal zu Ende ____,
weißt du, was Raben dann sagen?
Komm, wir wollen uns wieder ____!

Frantz Wittkamp

❸ Vergleiche mit dem Gedicht.

Die Tage werden kürzer

Goldene Welt

Im September ist alles aus Gold:
die Sonne, die durch das Blau hinrollt,
das Stoppelfeld,
die Sonnenblume, schläfrig am Zaun,
das Kreuz auf der Kirche,
der Apfel im Baum.

Ob er hält, ob er fällt?
Da wirft ihn geschwind
der Wind
in die goldene Welt.

Georg Britting

Die Tage werden kürzer

Was man spricht, heißt **wörtliche Rede**.
In Texten setzt man die wörtliche Rede in **Anführungszeichen**.
Der **Begleitsatz** gibt an, wer spricht und wie jemand spricht.
Lotta meint: „Dann ziehe ich jetzt immer helle Kleidung an."

❶ Schreibe auf, was Lotta, Mutter und Vater sagen.
Schreibe so: *Lotta erzählt: „Wenn ..."*

Am Frühstückstisch fragt Lotta: Warum ist es denn jetzt morgens noch so dunkel▒ Mutter antwortet: Im Herbst werden die Tage immer kürzer▒ Lotta fragt erstaunt: Woran liegt das denn▒ Da erklärt der Vater: Die Sonne geht jetzt morgens später auf und abends früher unter▒ Lotta fragt verwundert: Dauert denn ein Tag jetzt nicht mehr 24 Stunden▒ Mutter lacht und antwortet: Nacht und Tag sind zusammen immer noch gleich lang, es ist nur länger dunkel▒

❷ Schreibe den Text mit den richtigen Satzschlusszeichen ab.

❸ Unterstreiche, was gesprochen wird.

❹ Setze nun die Anführungszeichen.

❺ Lest den Text mit verteilten Rollen.

AH S. 15

Jahreszeitensprüche

Piri springt vom Sprungbrett in den sprudelnden Springbrunnen.

Am Pflaumenbaum kann man ein Pfund Pflaumen pflücken.

Nach dem Pflanzen einer Pflanze ist das Pflegen Pflicht.

Ein Sonnenstrahl streift den struppigen Stechginster.

1. Lies die Zungenbrecher durch. Zu welcher Jahreszeit passen sie?
2. Welche Jahreszeit magst du am liebsten? Begründe.
3. Ordne alle Wörter mit Pfl/pfl , Str/str , Spr/spr in eine Tabelle ein.

> Folgen mehrere Konsonanten in einem Wort,
> musst du besonders genau lesen.

4. Ergänze die Lücken mit Pfl , Str oder Spr .

___icht	___uch	___eit
___ick	___ug	___ung
___ache	___oh	___eger

5. Ergänze diese Wörter in deiner Tabelle.
6. Du kannst auch solche Jahreszeitensätze mit vielen Pfl -, Str - oder Spr -Wörtern schreiben.

S. 44/45

AH S. 16

Rätsel

Nun beschreibt die Lehrerin ein Tier. Die Kinder sollen es erraten. Sie sagt: „Das Tier hat ein schwarz-weiß-rotes Federkleid. Es kann sich auf seinen Schwanzfedern abstützen und so schnell die Baumstämme hinaufklettern. Die Nahrung des Tieres bilden Insekten, die es mit der langen Schleuderzunge unter der Baumrinde hervorholt. Die Insekten bleiben an kleinen Borsten an seiner Zungenspitze wie an einem Angelhaken hängen.
Mit seinem Meißelschnabel baut es in Bäumen Schlafhöhlen und im Frühjahr eine Bruthöhle. Dort legt das Weibchen 3 bis 8 Eier, die es gemeinsam mit dem Männchen ausbrütet."

1. Welches Tier wird hier beschrieben? Warum wird es „Zimmermann des Waldes" genannt?
2. Schreibe die zusammengesetzten Substantive aus dem Text untereinander mit Artikel auf. Schreibe dann so:
   das Federkleid – die Feder, das Kleid, …
3. Wonach richtet sich der Artikel bei zusammengesetzten Substantiven? Unterstreiche diesen Teil des Wortes.
4. Du kannst dir eigene Tierrätsel mit zusammengesetzten Substantiven ausdenken und deinen Partner raten lassen.

AH S. 18
AH S. 17

Tiere des Waldes

Hanna hat im Internet Informationen über Tiere des Waldes gesucht und Rätsel am Computer aufgeschrieben:

Er lebt am Rande des Waldes. Auf der Flucht vor Feinden ändert er ständig die Richtung. Seine langen Ohren werden „Löffel“ genannt. Seinen kurzen, weißen Schwanz bezeichnet man auch als „Blume“. Er schläft in einer Sasse.

Sie ist sehr klein und lebt in einem hohen Haufen mit anderen zusammen. Die Gänge des Baus werden in der Erde fortgeführt. Sie ist sehr fleißig. Ihre Königin kann bis zu 15 Jahre alt werden.

Er ist ein sehr großer Waldbewohner. Das Männchen ist bis zu 2,50 m lang und kann 350 kg wiegen. Sein kräftiges Stangengeweih zählt bis zu 22 Enden. In der Brunftzeit kann man sein lautes Röhren sehr weit hören.

1. Lies die Texte vor und ersetze einige Pronomen durch den jeweils richtigen Tiernamen.
2. Schreibe einen Text dann so verändert auf.

Fuchs Buntspecht Wildbiene Reh Wiesel Ameise Dachs Eule

3. Welche dieser Tiere sind Säugetiere, Vögel oder Insekten? Schreibe sie in eine Tabelle. Finde weitere Beispiele.
4. Schreibe die Tiernamen mit Pronomen auf: *der Fuchs – er, …*
5. Ihr könnt eigene Tierrätsel mit Pronomen aufschreiben und gestalten.

S. 47

AH S. 19/20

Maros Drachen

Die ersten Herbststürme lassen die Blätter wirbeln. ‚Zeit zum Drachensteigen', denkt Maro. Ganz oben auf dem Schrank liegt der Karton mit dem Drachen. Maro muss sich eine Leiter holen.

Mit dem Drachen unterm Arm läuft er zur Wiese im Park. Der bunte Drachen steigt in die Luft. Maro schaut ihm nach. Wie groß er ist! Und Maro ist klein und leicht. Ein kräftiger Windstoß und der Drachen zieht Maro in die Höhe. Sie fliegen über den Park. Plötzlich lässt der Sturm nach ...

1. Wo landet Maro? Was erlebt er nach der Landung? Erzähle.

Eine Geschichte besteht oft aus einer **Einleitung**, einem **Hauptteil** und einem **Schluss**.

2. Schreibe die Fortsetzung des Hauptteils und den Schluss der Geschichte.

3. Ihr könnt mit euren Geschichten ein Buch zusammenstellen.

Von oben ist alles ganz klein:
Eine Straße wird zum Sträßchen.
Ein Haus wird ...
Ein Hund ...
Ein Baum wird zum ...
Ein Wald ...
Eine Katze ...

4. Verändere die Substantive durch die Nachsilbe -chen.

S. 48/49

AH S. 21

Am nächsten Tag erzählt Maro:

Der Wind blies **gestern** ziemlich stark.
Ich wollte **deshalb** meinen
Drachen steigen lassen.
Ich musste ihn lange suchen.
Ich fand ihn **schließlich** auf dem Schrank.
Ich lief mit ihm zur Wiese im Park.
Der Drachen stieg **schnell** nach oben.

5 Stelle einige Sätze so um, dass die dick gedruckten Wörter am Satzanfang stehen. Schreibe die veränderte Geschichte auf.

— die – Drachenschnur – zerrte – plötzlich – stark – an – meinem – Arm —

6 Stelle die Wörter so um, dass sinnvolle Sätze entstehen.

7 Schreibe alle Sätze auf, die möglich sind. Denke auch an Fragesätze. Welche Wörter bleiben immer zusammen?

> Ein Satz setzt sich aus **Satzgliedern** zusammen. Satzglieder bestehen aus einem Wort oder mehreren Wörtern. Die Wörter eines Satzgliedes bleiben beim Umstellen immer zusammen.

Ein kräftiger Windstoß zog mich in die Höhe.
Ich schwebte langsam durch die Luft.
Ich sah unter mir den Park.

8 Stelle die Satzglieder der Sätze um.

9 Kennzeichne die Satzglieder mit unterschiedlichen Farben.

AH S. 22

Eine Bildergeschichte

Katze putzt sich,
Hund schleicht heran

Katze klettert,
Hund verfolgt sie

rennen über
die Äste

Katze springt,
Hund bellt

Hund ängstlich, traut
sich nicht hinunter

mit Wurst locken,
Sprungtuch halten

1. Erzähle zu den Bildern eine Geschichte.
   Überlege dir auch, was die Kinder sagen könnten.

Schreibtipps für Bildergeschichten

1. Überlege, was in der Geschichte passiert.
   Mache dir Stichpunkte.
2. Erzähle mit vielen Einzelheiten zu jedem Bild.
3. Nutze verschiedene Satzanfänge.
4. Gebrauche die wörtliche Rede.
   Verwende unterschiedliche Verben und Adjektive.
5. Finde eine Überschrift, die neugierig macht.

2. Schreibe die Geschichte auf.

3. Lest euch die Geschichten in einer Gruppe gegenseitig vor. Achtet darauf, ob die Schreibtipps von jedem beachtet wurden.

Bevor es Winter wird

Biber sind hervorragende Baumeister. Sie errichten an Flüssen Wohnburgen und Dämme aus Bäumen, Rohr und Schilf. Für den Winter legen sie im Wasser Nahrungsvorräte an. Dort bleiben die Zweige und Blätter lange frisch. Ihre Schneidezähne sind zu langen, kräftigen Nagezähnen ausgebildet. Sie sind sehr scharf und wachsen ständig nach.

1. Schreibe den Sachtext ab.
2. Unterstreiche rot, was Biber für den Winter vorbereiten.
3. Unterstreiche blau, was du über ihre Zähne erfährst.
4. Du kannst unter www.blinde-kuh.de weitere Informationen suchen.

Sachtexte enthalten **Informationen** zu einem Thema.
Sie beschränken sich auf **wesentliche Aussagen**.

Siebenschläfer

Die niedlichen Siebenschläfer mit ihren Kulleraugen halten in gemütlichen Baumhöhlen, Felsspalten oder Erdlöchern einen langen Winterschlaf. Um die lange Schlafenszeit zu überstehen, fressen sie sich im farbenfrohen Herbst eine dicke Fettschicht an.

Siebenschläfer halten in Felsspalten, Baumhöhlen oder Erdlöchern Winterschlaf. Um den Winterschlaf zu überstehen, fressen sie sich im Herbst eine Fettschicht an.

5. Vergleiche die Texte. Schreibe den sachlicher formulierten Text ab.

S. 50–53

AH S. 23

Streit der Jahreszeiten

Treffen sich die Jahreszeiten,
fangen wieder an zu streiten.

Sagt der Frühling gar nicht scheu:

„Bei mir wird alles wieder neu -
Bäume blühen, Vögel singen,
lassen ihre Lieder klingen.
Von dem Baum die Äpfel fallen,
und die Nebelfelder wallen."

Sagt der Sommer laut und klar:

„Bei mir ist alles wunderbar –
von dem Himmel scheint die Sonne,
auf der Erde Freud' und Wonne.
Alle Kinder rennen raus,
bau´n den Schneemann vor dem Haus."

Sagt der Herbst so laut er kann:

„Seht nur meine Werke an –
fährt der Bauer auf die Felder,
reife Äpfel, bunte Wälder.
Und die Kinder malen dann
bunte Ostereier an."

Sagt der Winter ganz empört:

„Das ist wirklich unerhört –
in der kalten Winternacht
regiere ich mit starker Macht.
Die Kinder tragen Badehosen,
in den Gärten blühen Rosen.“

Irgendetwas stimmt hier nicht
in dem Jahreszeitgedicht.
Denn nicht alle Sätze passen,
ist das eigentlich zu fassen?
Lies genau, dann wirst du's merken,
jeder prahlt mit fremden Werken.

Karin Schramm

- Lest das Gedicht in verteilten Rollen.
- Was fällt dir bei den Strophen auf? Welche Verse passen nicht? Schreibe diese Verse auf und ergänze die passende Jahreszeit.
- Ihr könnt in Gruppenarbeit jeweils eine Strophe richtig aufschreiben und damit ein Plakat erstellen.

Die Rosskastanie

Die Rosskastanie gehört zu unseren schönsten Laubbäumen. Sie kann bis zu 30 m hoch werden und hat eine große Krone. Im Mai entfalten sich ihre fünf- bis siebenfach gefingerten Blätter und die Blüten stehen wie Kerzen am Baum.

Im Herbst fallen die stacheligen Kugelfrüchte herab und platzen auf.
So kommen die glänzendbraunen Früchte, die Kastanien, zum Vorschein. Diese werden im Winter zur Wildfütterung verwendet. Außerdem werden aus den Früchten medizinische Heilmittel wie Salben hergestellt.

- Fasse die wichtigsten Informationen stichwortartig zusammen.

Wir basteln einen Igel aus Kastanien

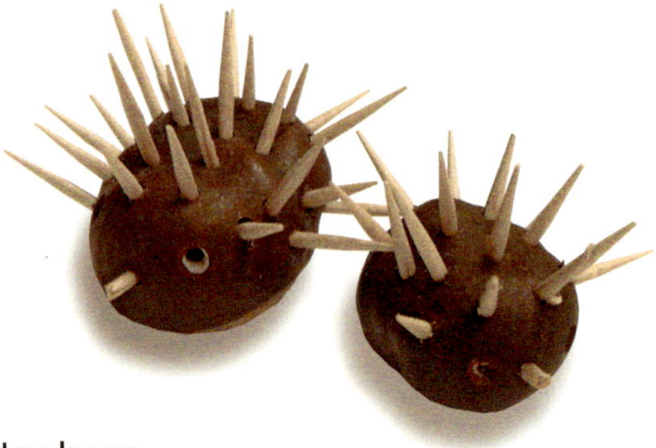

Du benötigst:
Kastanien, Zahnstocher,
Schere oder kleines Messer

1. Steche mit der Spitze eines Zahnstochers Löcher in die Oberseite einer Kastanie.
2. Schneide pro Loch einen Zahnstocher etwa 2 bis 3 cm unter der Spitze ab.
3. Stecke dann in jedes Loch einen Zahnstocher mit der Spitze nach oben.

Rätsel

Was ist das für ein Diebsgesell?
Er geht auf Nachbars Acker aus,
stopft voll sich beide Taschen schnell
und trägt´s ganz wohlgemut nach Haus.
Da packt er´s aus, als wär´s das seine,
legt eins zum andern in die Scheune.
Die Scheune liegt in Ackers Grund,
die Taschen, die hat er im Mund.

Hamster

Am Himmel schwebt es,
der Wind, der hebt es.
Ich hab´s an der Schnur,
wie heißt das Ding nur?

Drachen

Erst weiß wie ein Licht,
dann ein Stachelgesicht.
Wie ein grüner Igel,
wie ein blanker Spiegel,
wie eine braune Maus –
hüpf´ ich aus meinem grünen Haus.

Kastanie

Erika Schirmer

- Kannst du die Rätsel lösen?
- Schreibe ein Rätsel ab und gestalte es.
- ○ Du kannst ein Rätsel auswendig lernen.

Der Wind

In allem Frieden
schlief abgeschieden
hinter der Hecke
der Wind.
Da hat ihn die Spitzmaus
– wie Spitzmäuse sind –
ins Ohr gezwickt.
Der Wind erschrickt,
springt auf die Hecke
fuchsteufelswild,
brüllt,
packt einen Raben
beim Kragen,
rast querfeldein
ins Dorf hinein,
schüttelt einen Birnbaum beim Schopf,
reißt den Leuten den Hut vom Kopf,
schlägt die Wetterfahne herum,
wirft eine Holzhütte um,
wirbelt den Staub in die Höhe
wehe,
der Wind ist los!

Josef Guggenmos

Herbstgedichte

Diese Haikus haben Kinder einer 3. Klasse geschrieben.

Haikus sind besondere Gedichte aus Japan.
Sie haben oft die Natur zum Thema und bestehen aus:
- der Überschrift,
- der ersten Zeile mit **fünf** Silben,
- der zweiten Zeile mit **sieben** und
- der dritten Zeile wieder mit **fünf** Silben.

- Schreibe die Haikus in Silben getrennt ab und zähle sie.
- Schreibe auch Haikus.
  Folgende Zeilen können dir helfen:

Kastanien

Die Stacheln pieksen.

____

____

Blätter

____

Sie segeln langsam vom Baum.

____

- Gestalte dein Haiku mit Bildern oder Fotos.
- ○ Du kannst auch eigene Haikus schreiben.

Frederick S. 59

Rund um die Wiese herum, wo Kühe und Pferde grasten, stand eine alte, alte Steinmauer.
In dieser Mauer – nahe bei Scheuer und Kornspeicher – wohnte eine Familie schwatzhafter Feldmäuse.
Aber die Bauern waren weggezogen, Scheuer und Kornspeicher standen leer. Und weil es bald Winter wurde, begannen die kleinen Feldmäuse Körner, Nüsse, Weizen und Stroh zu sammeln.
Alle Mäuse arbeiteten Tag und Nacht. Alle – bis auf Frederick.
„Frederick, warum arbeitest du nicht?“, fragten sie.
„Ich arbeite doch“, sagte Frederick, „ich sammle Sonnenstrahlen für die kalten, dunklen Wintertage.“
Und als sie Frederick so dasitzen sahen, wie er auf die Wiese starrte, sagten sie: „Und nun, Frederick, was machst du jetzt?“
„Ich sammle Farben“, sagte er nur, „denn der Winter ist grau.“
Und einmal sah es so aus, als sei Frederick halb eingeschlafen.
„Träumst du, Frederick?“, fragten sie vorwurfsvoll.
„Aber nein“, sagte er, „ich sammle Wörter. Es gibt viele lange Wintertage – und dann wissen wir nicht mehr, worüber wir sprechen sollen.“
Als nun der Winter kam und der erste Schnee fiel, zogen sich die fünf kleinen Feldmäuse in ihr Versteck in den Steinen zurück.

In der ersten Zeit gab es noch viel zu essen, und die Mäuse erzählten sich Geschichten über singende Füchse und tanzende Katzen.
Da war die Mäusefamilie ganz glücklich! Aber nach und nach waren alle Nüsse und Beeren aufgeknabbert, das Stroh war alle, und an Körner konnten sie sich kaum noch erinnern. Es war auf einmal sehr kalt zwischen den Steinen der alten Mauer, und keiner wollte mehr sprechen.
Da fiel ihnen plötzlich ein, wie Frederick von Sonnenstrahlen, Farben und Wörtern gesprochen hatte.
„Frederick!“, riefen sie, „was machen deine Vorräte?“
„Macht die Augen zu“, sagte Frederick und kletterte auf einen großen Stein. „Jetzt schicke ich euch die Sonnenstrahlen. Fühlt ihr schon, wie warm sie sind? Warm, schön und golden?“
Und während Frederick so von der Sonne erzählte, wurde den vier kleinen Mäusen schon viel wärmer.
Ob das Fredericks Stimme gemacht hatte? Oder war es ein Zauber?
„Und was ist mit den Farben, Frederick?“, fragten sie aufgeregt.
„Macht wieder eure Augen zu“, sagte Frederick.
Und als er von blauen Kornblumen und roten Mohnblumen im gelben Kornfeld und von grünen Blättern am Beerenbusch erzählte, da sahen sie die Farben so klar und deutlich vor sich, als wären sie aufgemalt in ihren kleinen Mäuseköpfen.

„Und die Wörter, Frederick?“

Frederick räusperte sich, wartete einen Augenblick, dann sprach er wie von einer Bühne herab:

„Wer streut die Schneeflocken? Wer schmilzt das Eis?
Wer macht lautes Wetter? Wer macht es leis?
Wer bringt den Glücksklee im Juni heran?
Wer verdunkelt den Tag? Wer zündet die Mondlampe an?
Vier kleine Feldmäuse wie du und ich
wohnen im Himmel und denken an dich.
Die erste ist die Frühlingsmaus, die lässt den Regen lachen.
Als Maler hat die Sommermaus die Blumen bunt zu machen.
Die Herbstmaus schickt mit Nuss und Weizen schöne Grüße.
Pantoffeln braucht die Wintermaus für ihre kalten Füße.
Frühling, Sommer, Herbst und Winter sind vier Jahreszeiten.
Keine weniger und keine mehr. Vier verschiedene Fröhlichkeiten.“

– Als Frederick aufgehört hatte, klatschten alle und riefen:

„Frederick, du bist ja ein Dichter!“

Frederick wurde rot, verbeugte sich und sagte bescheiden:

„Ich weiß es – ihr lieben Mäusegesichter!“

Leo Lionni

- Ihr könnt die Geschichte von Frederick mit Stabpuppen aufführen. Dazu müsst ihr einteilen, wer welche Rolle übernimmt.
- Schreibt auf, was der Erzähler, Frederick und die anderen Mäuse sagen. Ihr könnt auch zusätzliche Aussprüche erfinden.

Erzähler: Rund um die Wiese herum …
Erste Maus: Frederick, warum arbeitest du nicht?

Feldmäuse

S. 59

Feldmäuse leben in Gruppen mit bis zu 20 Tieren zusammen.
Unter der Erdoberfläche legen sie weit verzweigte Gänge an, in denen sich Nest- und Vorratskammern befinden. Ins Freie führen viele Ausgänge, die durch Laufstraßen miteinander verbunden sind. Diese Laufstraßen nennt man „Wechsel".

Da Feldmäuse keinen Winterschlaf halten, benötigen sie auch im Winter Nahrung und Wärme. Darum graben sie ihre Löcher vorwiegend in Böden, die durch abgestorbene oder dick verfilzte Gräser und andere Pflanzen geschützt sind. Auch bei Schnee müssen die Mauselöcher jederzeit frei zugänglich sein.

Im Sommer gehen Feldmäuse tagsüber auf Nahrungssuche. Im Herbst und Winter hingegen spüren sie nachts ihr Futter auf.
Feldmäuse fressen hauptsächlich die grünen Teile von Gräsern und Kräutern, aber auch Wurzeln und Rinde.
Im Sommer und Herbst bevorzugen sie Getreidekörner.

- Vergleiche den Sachtext über Feldmäuse mit der Geschichte „Frederick".
- Sammelt weitere Informationen über Feldmäuse aus dem Lexikon oder im Internet.
- Was wisst ihr über Hausmäuse?
- ○ Ihr könnt auch Hausmäuse und Feldmäuse miteinander vergleichen.

AH S. 25

Versteckte Wörter

1 Kannst du die Geheimschrift lesen?
Schreibe die Sätze richtig auf.

Die Blätter *nellaf* von den Bäumen. Der Igel *tchus* sich einen Schlafplatz. Die Vögel *negeilf* in wärmere Länder. Die Kinder *nessal* Drachen steigen.

2 Zu welcher Wortart gehören die verschlüsselten Wörter?

DIFHERBSTXOIUFIGELVKLÜBAUMQIFOIBLÄTTERÜPVHLAUBCKOQWE

3 Findest du die fünf versteckten Substantive?
Schreibe sie mit Artikel auf.

Pronomen

4 Lies den Text. Was fällt dir auf?

Der Igel ist ein Winterschläfer. Im Herbst sucht sich der Igel einen Schlafplatz. Der Igel baut sich ein Nest aus Laub und Zweigen. Hier schläft der Igel den ganzen Winter. Erst im Frühjahr erwacht der Igel. Nun ist der Igel ganz dünn.

5 Schreibe den Text auf.
Ersetze dabei einige Substantive durch Pronomen.

6 Sortiere die Wörter nach ihrer Wortart.

KALT ER SCHLAFEN WIND GRAU VÖGEL SIE APFEL
FLIEGT BUNT NEST WIR FALLEN ICH DUNKEL STEIGEN

7 Lege eine Tabelle an und trage die Wörter ein.

Substantive	Verben	Adjektive	Pronomen

Monatsnamen

❶ Schreibe die Sätze richtig auf.

Der ░░░ ist der kürzeste Monat.

Wir feiern im ░░░ Weihnachten.

Am 1. ░░░ machen wir Späße.

Im ░░░ beginnt der Herbst.

Der sechste Monat ist der ░░░.

Sankt Martin feiern wir im ░░░.

❷ Welche Monate fehlen? Schreibe sie auf.
Du kannst in der Wörterliste nachschlagen.

Verben

❸ Lies zuerst alle Sätze durch. Was fällt dir auf?

Im September **bekommt** der Herbst. Die Blätter **verlassen** sich. Viele Vögel **verfärben** unser Land. Das Eichhörnchen **beginnt** ein Winterfell.

❹ Schreibe die Sätze nun richtig auf.

Zusammengesetzte Substantive

Auf dem Boden des Waldes sucht das Eichhörnchen nach Früchten und Nüssen. Es versteckt sie in der Höhle des Baumes oder in einer Gabel des Astes. In der kalten Zeit des Jahres wacht es auf und sucht die Vorräte.

❺ Bilde aus den langen Ausdrücken zusammengesetzte Substantive.
Schreibe den Text so auf: *Auf dem Waldboden …*

Durch das Jahr

Maro und Lotta haben im Herbst einen Apfelbaum gepflanzt.
Im Winter schützt ihn ein dicker Mantel aus Schnee.
Im Frühling treibt der Apfelbaum die ersten Blüten.
Die kleinen Früchte sind im Sommer kaum zu sehen.
In welcher Jahreszeit können die Kinder die Äpfel ernten?

❶ Schreibe den Text ab. Beantworte die Frage.

❷ Unterstreiche die Namen der Jahreszeiten.

❸ Bilde Sätze und schreibe sie auf.

❹ Ergänze hinter jedem Satz die passende Jahreszeit.

Wörtliche Rede

Die Kinder unterhalten sich im Sachunterricht über die Jahreszeiten.
Die Lehrerin fragt: Welche Jahreszeit mögt ihr denn am liebsten?
Lotta sagt: Am meisten mag ich den Frühling, weil es dann endlich wieder grün wird.
Maro entgegnet: Ich freue mich auf den Sommer, weil wir dann in den Urlaub fahren.
Tim erwidert: Aber im Herbst kann man Drachen steigen lassen.
Hanna sagt: Ich hoffe, dass es im Winter mal wieder richtig schneit.

❺ Schreibe den Text ab.

❻ Unterstreiche, was gesprochen wird. Setze die Anführungszeichen.

Die Nachsilbe -chen

Kommt das Häschen,	(der Hase)	Kommt das … ,	(das Wiesel)
zeigt sein … .	(die Nase)	zeigt sein … .	(der Kiesel)
Kommt das … ,	(das Schwein)	Kommt das … ,	(die Maus)
zeigt sein … .	(das Bein)	huscht ins … .	(das Haus)

1 Schreibe die Reime mit den Verkleinerungsformen auf.

Satzglieder

Maro	bastelt	Drachen	einen	aus	Holzleisten	und	Papier
hoch	steigt	der	Drachen	in	den	Himmel	blauen

2 Bilde aus den Wörtern zwei Sätze und schreibe sie auf.

3 Stelle die Wörter so um, dass andere sinnvolle Sätze entstehen.

4 Trenne die Satzglieder mit Strichen voneinander.

Texte verbessern durch Umstellen der Satzglieder

Das Fußballspiel
Die Sonne scheint **den ganzen Nachmittag**.
Jannik ist mit seinen Freunden im Park. Sie spielen zusammen Fußball. Janniks Mannschaft führt 2:1.
Die Jungen vergessen **beim Spielen** völlig die Zeit.
Jannik erkennt **plötzlich** kaum noch den Ball.
Er schaut auf die Uhr. Er stellt **erstaunt** fest:
Es ist **jetzt** schon früh dunkel.
Er muss **nun** schnell nach Hause.

5 Stelle die Satzglieder so um, dass jeweils die dick gedruckten Wörter am Satzanfang stehen.

Vorsilben

❶ Bilde mit den Vorsilben sinnvolle Verben.
Schreibe so: *verfärben, …*

ver- ab- an- vor-	färben	legen	sehen	fallen	kommen

❷ Schreibe zu fünf Verben einen Satz auf.

❸ Lies den Text mit den passenden Verben.

verändern | bekommen | vorsorgen | anlegen | abfallen

Im Herbst ▒▒▒ die Blätter ihre Farbe, bevor sie ganz ▒▒▒.

Viele Tiere ▒▒▒ ein Winterfell.

Das Eichhörnchen muss für den Winter ▒▒▒ und

Vorräte ▒▒▒.

❹ Schreibe die Sätze richtig auf.

Im Herbst
In dieser Jahreszeit verändert sich vieles in der Natur.
Die Blätter verfärben sich und werden schließlich abfallen.
Viele Tiere bekommen ein Winterfell.
Die Zugvögel versammeln sich und fliegen in wärmere Länder.
Das Eichhörnchen muss für den Winter vorsorgen und Vorräte anlegen.
Der Igel sucht einen Schlafplatz, um die kalten Wintermonate
zu verschlafen.

❺ Übe den Text als Diktat.

verändern verfärben abfallen bekommen vorsorgen anlegen

Frederick

S. 50–52

1 Schreibe den Text mit den zutreffenden Wörtern ab.

Frederick sammelte Sonnenstrahlen für die kalten,
dunklen Wintertage/fürchterlichen Regentage.
Als der erste Schnee fiel, zogen sich die *vier/fünf*
kleinen Feldmäuse in ihr Versteck zurück.
Es war sehr kalt zwischen den Steinen
des alten Schlosses/der alten Mauer.
Frederick erzählte den kleinen Mäusen *von der Sonne/von dem Sommer.*
Als er von den blauen Kornblumen und roten Mohnblumen erzählte,
sahen sie *die Farben/die Bilder* klar und deutlich vor sich.
Als Frederick aufgehört hatte, *schliefen/klatschten* alle.

2 Schreibe die Fragen ab und beantworte sie im ganzen Satz.

Was begannen die Feldmäuse im Herbst zu sammeln?
Was sammelte Frederick?
Was fiel den Mäusen ein, als im Winter alle Vorräte verbraucht waren?
Wovon erzählte ihnen Frederick?
Wie nannten ihn die Mäuse nun?

Feldmäuse

S. 53

3 Suche die entsprechenden Sätze im Text.
Schreibe den Text ab und ergänze die fehlenden Wörter.

Feldmäuse leben in Gruppen mit bis zu _____ Tieren zusammen.

Unter der Erdoberfläche legen sie weit verzweigte _____ an.

Diese Laufstraßen nennt man _____.

Da Feldmäuse keinen _____ halten,

benötigen sie auch im Winter _____ und _____.

Fantasievolles, Geheimnisvolles

Geheimnis des Meeres

Lea hält eine Muschel in der Hand.
Lea hält die Muschel an ihr Ohr.
Lea schließt die Augen und lauscht.
Ganz zart hört Lea das Rauschen des Meeres.
Im Meer sieht Lea glitzernde Fische tanzen.
Plötzlich springt ein Fisch heraus und ruft Leas Namen.
Lea setzt sich auf den Rücken des Fisches und …

1. Lies den Text. Was fällt dir daran auf?
2. Schreibe die Geschichte ab. Ersetzte dabei das Substantiv „Lea" dort durch ein Pronomen, wo es sinnvoll ist.
3. Was könnte nun passieren? Schreibe die Geschichte weiter.

So kannst du deinen Text überarbeiten:

1. Ist der Text übersichtlich gegliedert? (Einleitung, Hauptteil, Schluss)
2. Hast du verschiedene Satzanfänge benutzt?
3. Hast du viele Adjektive verwendet?
4. Hast du die wörtliche Rede eingesetzt?
5. Hast du Wortwiederholungen vermieden?

4. Stelle deine Geschichte in der Schreibkonferenz vor.

So läuft eine Schreibkonferenz ab:

1. Lies deine Geschichte im Geschichtenkreis vor.
2. Die anderen Kinder sagen, was sie gut finden oder was du noch genauer beschreiben kannst.
3. Markiere die Stellen, an denen etwas geändert werden muss.
4. Überarbeite die Geschichte und kontrolliere die Rechtschreibung.

S. 72/73

AH S. 26

Meeresgeschichten

1. Suche dir eine Muschel aus, zu der du eine Geschichte schreiben möchtest.
2. Notiere dir kurz das Wichtigste.
3. Schreibe deine Geschichte auf. Gliedere sie dabei in Einleitung, Hauptteil und Schluss.

S. 74/75

AH S. 27

Hexe Lissi feiert Walpurgisnacht

Hexe Lissi trifft sich mit ihren Freundinnen auf dem Hexentanzplatz.
Dort ist das Feuer schon entfacht.
Alle Hexen schwingen ihren Regenstab, um den Teufel herbeizurufen.
Und dann tanzen alle Hexen in einem Kreis um das Feuer.
Und dann erscheint der Teufel auf einem Dreizack.
Und dann zischt, knallt und blitzt es, dass die Funken nur so sprühen.
Und dann trinken sie gemeinsam einen Zaubertrank aus Krötenschleim.
Und dann wird Lissi so schlecht, dass sie sich unter einen Baum legen muss.
Und dann empfangen ihre Freundinnen vom Teufel Zauberkräfte. Nur Lissi fühlt sich so elendig, dass sie sich auf ihren Besen schwingt und nach Hause fliegt.

1. Was fällt dir an der Erzählweise auf?
2. Schreibe die Geschichte ab und setze dabei andere Satzanfänge für „Und dann“ ein. Diese Wörter können dir helfen:

jetzt | auf einmal | plötzlich | anschließend | davon | schließlich

3. Versuche die Geschichte noch lebendiger zu erzählen, indem du Adjektive einsetzt. Diese Wörter können dir helfen:

klein | groß | fröhlich | magisch | schnell | fürchterlich

S. 76/77

AH S. 28

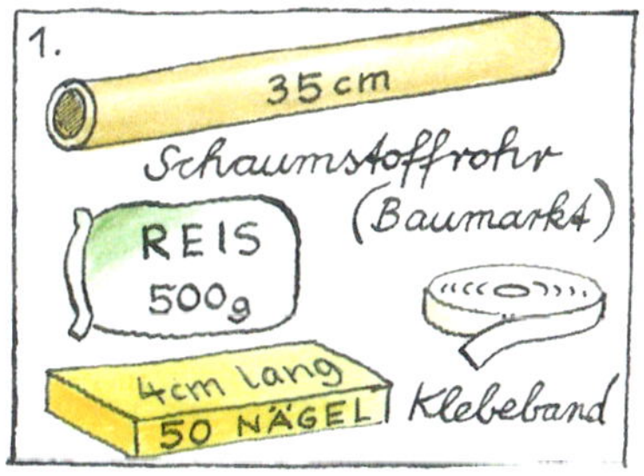

Material

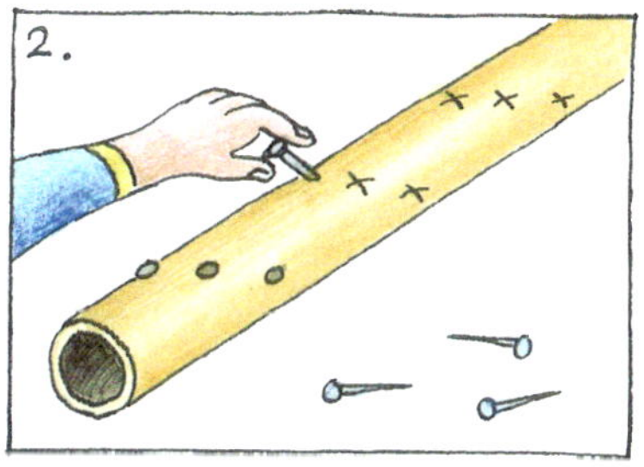

spiralförmig, Abstand 1,5 cm

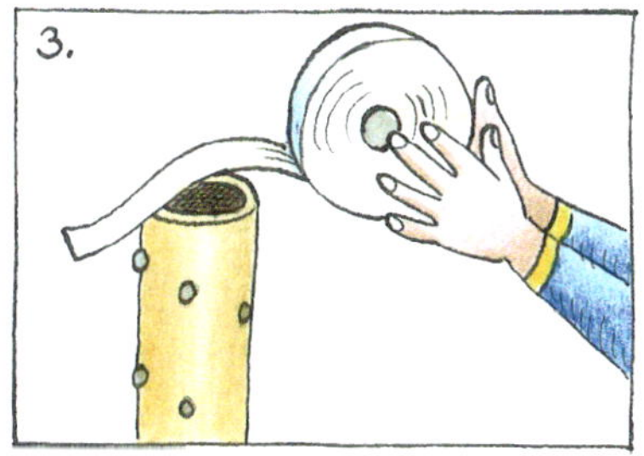

verschließen, Klebeband

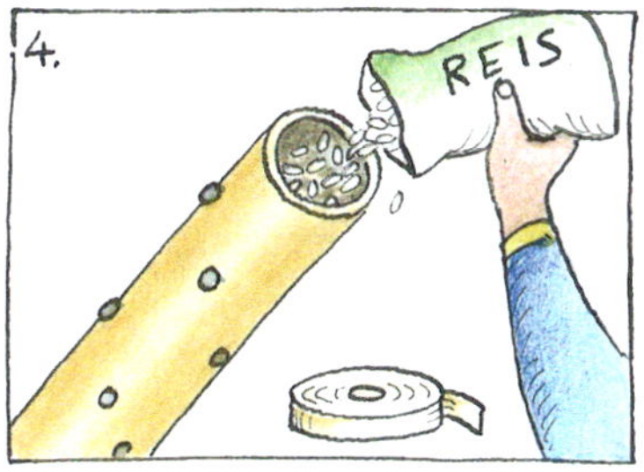

Reis einfüllen, verschließen

umwickeln, gestalten

schwenken, klingen

❹ Besprich mit deinem Partner, wie du dir einen Regenstab basteln kannst.

❺ Schreibe nun auf, wie du einen Regenstab herstellst.

Schreibtipps für die Beschreibung eines Vorgangs

1. Schreibe in der ich-Form.
2. Gib in der Einleitung alle Dinge an, die du benötigst.
3. Beschreibe im Hauptteil jeden Schritt ganz genau.
4. Benutze abwechslungsreiche Satzanfänge.
5. Halte die richtige Reihenfolge ein.
6. Schreibe zum Schluss auf, was du damit machen kannst.

⑥ Du kannst deine Beschreibung überprüfen, indem du den Regenstab bastelst.

❼ Bilde mit den Satzgliedern Sätze.

den rauschenden Regenstab   sehr langsam   bewege

an   viel länger   dann   hält   der traumhafte Klang

Einfach unmöglich

Lissi wundert sich, dass ihre Sachen zerwühlt sind. „Das ist ja unfassbar“, sagt sie. Unsicher schaut sie in jede Ecke. Da hört sie ein leises Wimmern in ihrer Wanduhr. „Komm heraus!“, ruft Lissi unfreundlich. Als sie die Tür öffnet, guckt Knut heraus. „Was schaust du so unschuldig? Hast du alles zerwühlt?“, fragt Lissi ungeduldig. „Ich habe nur meinen Wecker gesucht“, murmelt Knut unglücklich.

1 Schreibe alle Wörter mit der Vorsilbe un- heraus. Was geschieht durch die Vorsilbe un- ?

Die Vorsilbe **un-** verkehrt Wörter oft ins Gegenteil: klar – **un**klar.

2 Schreibe die Adjektive ab und bilde ihre Gegensätze.

bekannt deutlich ehrlich
günstig scharf vernünftig

Hexengedicht

Fledermaus und Krötendreck,
wieso ist mein Besen ____________
Kräuter, Schleim und finstre Nacht,
hat ihn der Teufel ____________
Katzenkrallen, Spinnenbein,
Eulenohr, 'nen guten ____________,
alles wird jetzt klein gehutzelt,
Zauberei im Herd ge____________
Dieser Trank wird nun erhitzt,
ach, wie unsre Hexe sch____________
Knistern, knallen – eins, zwei, drei,
zaubert den Besen wieder ____________

Kathrin Wiegelmann

3 Schreibe das Gedicht mit den richtigen Satzzeichen ab. Setze dabei die Reimwörter ein.

AH S. 28

Eine Gespenstergeschichte

Knut ist leider sehr ängstlich. Sein Vater Lord Franz von Gruselbein ist noch ängstlicher. Doch am ängstlichsten ist seine Mutter Greta von Gruselbein. Kurz vor Mitternacht zittert das kleine Gespenst immer ganz schrecklich. Sein Vater zittert noch schrecklicher. Am schrecklichsten jedoch zittert seine Mutter. So kommt es, dass alle drei seit 777 Jahren nicht mehr gespukt haben.

❶ Schreibe die Geschichte ab und unterstreiche alle Adjektive.

Mit Adjektiven kann man vergleichen:
- genauso **ängstlich** wie (Grundstufe)
- **ängstlicher** als (Mehrstufe)
- **am ängstlichsten** (Meiststufe).

teuer schnell groß klein

❷ Bilde Sätze. Schreibe so:

Der Ring ist teuer. Das Kette ist teurer. Die Krone ist am …

AH S. 29

Das Schloss

Auf einem hohen Berg, umgeben von alten **Bäumen** steht ein Schloss. Unter dem Dach brüten **Eulen** im **Gemäuer**. Um den Turm fliegen oft junge **Täubchen**. **Mäuschen** huschen durch die Gänge. Nachts sieht man oft Lichter flackern und **leuchten**. Viele **Leute** glauben, dass in dem Schloss immer noch Gespenster wohnen. Hört man sie nicht manchmal **heulen**?

1. Erkläre die Schreibweise der dick gedruckten Wörter.
2. Ordne alle Wörter mit eu und äu in eine Tabelle.
3. Schreibe alle verwandten Wörter zu den Wörtern mit äu auf. Schreibe so: *die Bäume – der Baum, …*

Die Schreibweise kann man bei manchen Wörtern vom verwandten Wort ableiten. Wörter mit **äu** im Wortstamm haben ein verwandtes Wort mit **au**: das H**au**s – die H**äu**ser, l**eu**chten – der L**eu**chter, h**eu**len – das Geh**eu**le.

saufen heulen streuen laufen

Der Gärtner ▒▒▒ im Frühjahr Samen auf das Feld.
Der Hund ▒▒▒ im Hof das Wasser aus der Pfütze.
Die alte Eule sitzt auf dem Turm und ▒▒▒ jede Nacht.
Linda ▒▒▒ mit ihrer Klasse zum Schloss.

4. Schreibe die Sätze ab und setze die Verben richtig ein.
5. Markiere eu und äu.

AH S. 30

Gespräch mit dem Schlossherrn

❶ Schreibe in wörtlicher Rede auf, was die Kinder sagen. So kannst du anfangen: *Lotta sagt: „Ich würde …*

❷ Sammle Verben zum Wortfeld „sprechen“. Ordne sie in eine Tabelle.

leise sprechen	*normal sprechen*	*laut sprechen*
raunen	*reden*	*brüllen*

❸ Prüfe deinen Text. Setze andere Verben ein, wenn du mehrmals das Wort „sagen“ verwendet hast.

AH S. 31

Im Spukschloss

Endlich ist die Führung zu Ende. Ali und Linda suchen die Waffenkammer. Neugierig gehen sie durch eine knarrende Tür. Plötzlich flüstert Linda: „Hörst du das Geräusch? Es hört sich gruselig an.“ Ali lauscht. Dann sagt er: „Mir ist es unheimlich. Gibt es hier vielleicht Gespenster?“ Sie schleichen weiter durch das alte Gemäuer. Überall ist es dämmrig. Nur in der Nähe einer alten Ritterrüstung huschen eilig ein paar Mäuschen hin und her. „Früher war das Leben als Ritter aber ziemlich gefährlich“, meint Linda leise. Auf einmal läutet eine Glocke. Erschrocken fahren die Kinder zusammen. Ali fragt: „Meinst du, dass es hier wirklich spukt?“
In dem Moment spüren die beiden einen Lufthauch und ...

1. Wie könnte die Geschichte weitergehen?
2. Ordne alle Wörter mit den Nachsilben -ig und -lich in eine Tabelle ein.

Ob ein Wort am Ende mit **-ig** oder mit **-lich** geschrieben wird, hörst du, wenn du es verlängerst: fröhlich – fröhliche, selig – selige.

schaur- traur- lieb- schreck- nöt- glück- gift- heim-

3. Schreibe die Wörter mit den richtigen Nachsilben auf. Bilde einen Satz mit jedem Wort.

S. 78/79

AH S. 32

Gespensterparty

Endlich hat Knuts Einsamkeit ein Ende. Zu seiner Geburtstags-party kommen alle Gespenster der Umgebung. Zur Begrüßung gibt es einen Zaubertrank. Sie fliegen um die Turmspitze und spielen Verstecken. Knut bringt sich in einer Rüstung in Sicherheit. Um Haaresbreite wird er dort entdeckt. Da klappert er mit dem Visier. Die anderen Gespenster bekommen Todesangst und fliegen zitternd weg. Knut lacht vor Erleichterung. Das Versteck bleibt sein Geheimnis.

1. Schreibe die Wörter mit -heit, -keit, -nis und -ung aus dem Text heraus. Zu welcher Wortart gehören sie?

> Mit den Nachsilben **-heit**, **-keit**, **-nis** und der Endung **-ung** kann man Substantive bilden. Sie werden deshalb großgeschrieben.

2. Bilde aus den Adjektiven Substantive mit -heit oder -keit.

tapfer klug fröhlich stur vergesslich

3. Schreibe alle zusammengesetzten Substantive aus dem Text heraus. Was fällt dir bei der Verbindung einiger Zusammensetzungen auf?

> Manche zusammengesetzten Substantive werden mit einem **-s** oder **-es** verbunden. Der Artikel richtet sich nach dem zweiten Substantiv.

der Geburtstag der Liebling das Unglück der Wind

der Rabe die Feier die Eile das Essen

4. Bilde zusammengesetzte Wörter aus den Substantiven. Markiere die Verbindung -s und -es.

S. 80/81

Da lieg ich im Bett

Da lieg ich im Bett, die Augen zu,
was Schönes will ich mir denken.
Ich stelle mir vor, mein Bett ist ein Boot,
das die Wellen heben und senken.

Ich lasse mich schaukeln, hinauf und hinab,
und rings um meinen Kahn
glitzert, so weit das Auge reicht,
friedlich der Ozean.

Herrlich ist das! – Allmählich aber
werde ich höher gehoben
und sinke tiefer hinab ins Tal.
Die Wellen werden zu Wogen.

Die eiligen, schwarzen, von Gischt gekrönt,
immer wilder donnern sie her.
Und ich im Boot, verlassen, verloren
weit draußen im tobenden Meer!

Jetzt aber – o Schreck! – eine Wasserwand,
eine haushohe, wandert heran.
Sie ragt vor mir hoch. Sekunden noch,
dann ist es um mich getan.

Mit mir ist es aus! Da fällt mir ein
im letzten Augenblick:
Es gibt noch ein Mittel, ein einziges noch,
ich habe noch einen Trick.

Ich mache meine Augen auf.
Und liege wieder in meinem Bett
im Zimmer.
Welch ein Glück!

Josef Guggenmos

Mein Bett ist ein Boot

Mein Bett ist wie ein kleines Boot.
Die Großmama bringt mich an Bord.
Sie schickt mich bis zum Morgenrot
zu Schiff ins Dunkel fort.

Ich steig an Bord und sag Gut Nacht
den Freunden, die am Ufer sind,
ich hab die Augen zugemacht
und segle ohne Wind.

Oft nehm ich etwas mit an Deck.
Denn das ist alter Seemannsbrauch.
Vielleicht ein bisschen Teegebäck
und Spielzeug manchmal auch.

Durch Nacht und Dunkel steuern wir.
Doch kommt zum Schluss der Tag heran,
dann legt mein Boot am Hafenpier
im sichren Zimmer an.

Robert Louis Stevenson

Die Muschel hat das Meer gefangen

Als gestern die Wellen am schönsten sangen,
da hat die Muschel das Meer gefangen!

Seid ganz still und lauscht,
wie es in ihr rauscht!

Josephine Hirsch

Pippi und ihre Gespenster

Am Rande einer kleinen Stadt lebte Pippi Langstrumpf. In dem Haus nebenan wohnten Thomas und Annika. Eines Tages lag ein Brief in ihrem Briefkasten. Als sie ihn öffneten, fanden sie eine Karte:

Am nächsten Nachmittag gingen Thomas und Annika durch die Gartentür der Villa Kunterbunt. Es war September und es dämmerte schon früh. Thomas und Annika hielten sich fest an den Händen, denn es war ganz schön dunkel in Pippis Garten und die alten Bäume rauschten so düster. Thomas klopfte an die Tür. Da machte Pippi die Tür auf.

„Und jetzt wollen wir spielen", sagte sie und schlug ein Spiel vor, das hieß „Nicht den Fußboden berühren". Nachdem sie eine Weile so gespielt hatten, beschlossen sie nun etwas anderes zu spielen.

„Wollen wir auf den Dachboden gehen und die Gespenster besuchen?", fragte Pippi. Annika erschrak. „G...g...gibt es denn Gespenster auf dem Boden?"

„Und ob es welche gibt! Massenhaft!", sagte Pippi. „Es wimmelt da oben von allen möglichen Gespenstern und Geistern. Man fällt direkt über sie." „Mama hat gesagt, es gibt keine Gespenster und Geister", sagte Thomas bestimmt. „Das glaub ich", sagte Pippi. „Nirgendwo sonst, als hier. Denn alle, die es gibt, wohnen auf meinem Boden. Aber sie sind nicht gefährlich. Sie kneifen einen bloß in die Arme, dass man blaue Flecken kriegt. Und dann heulen sie. Und spielen Kegel mit ihren Köpfen."

„Sp...sp...spielen Kegel mit ihren Köpfen?", flüsterte Annika. „Ja, genau das tun sie", sagte Pippi. „Kommt, wir gehen nach oben. Ich kann prima kegeln." Pippi ging voran die Bodentreppe hinauf. „Servus, ihr Gespenster alle!", rief Pippi. Thomas und Annika wagten, zum Fenster zu gehen und in den Garten hinunterzuschauen. Große dunkle Wolken zogen am Himmel entlang und taten ihr bestes, den Mond zu verdunkeln.

Und die Bäume rauschten. Thomas und Annika drehten sich um. Aber da – o wie schrecklich! – sahen sie eine weiße Gestalt, die auf sie zukam. „Ein Geist“, schrie Thomas. Annika hatte solche Angst, dass sie nicht einmal mehr schreien konnte. Die Gestalt kam immer näher, und Thomas und Annika drückten sich fest aneinander und machten die Augen zu. Aber da hörten sie den Geist sagen: „Guckt mal, was ich gefunden habe! Papas Nachthemd lag da drüben in einer alten Seemannskiste.“ „O Pippi, ich wäre vor Schreck beinah gestorben“, sagte Annika. „Ja, aber Nachthemden sind nicht gefährlich“, beteuerte Pippi. „Sie beißen nur, wenn sie angegriffen werden.“

Pippi entschloss sich jetzt, die Seemannskiste ordentlich zu durchsuchen. Da lagen eine ganze Menge alter Kleidungsstücke, die Pippi auf den Fußboden warf. Außerdem waren da ein Fernrohr, einige alte Bücher, drei Pistolen, ein Degen und ein Beutel mit Goldstücken. „Tideldidum und dielidei“, sagte Pippi zufrieden. „Ist das aufregend!“, sagte Thomas. „Wenn wir wollen, können wir jetzt Seeräuber werden“, sagte Pippi. „Mit dem Fernrohr kann ich fast die Flöhe in Südamerika sehen.“

Astrid Lindgren (gekürzt)

- Erzähle, was auf dem Dachboden geschieht.
- Schreibe eine Seeräubergeschichte.

AH S. 34

Die kleine Hexe hat Ärger

S. 87

Es war einmal eine kleine Hexe, die war erst einhundertsiebenundzwanzig Jahre alt und das ist ja für eine Hexe noch gar kein Alter. Sie wohnte in einem Hexenhaus, das stand einsam im tiefen Wald. Weil es nur einer kleinen Hexe gehörte, war auch das Hexenhaus nicht besonders groß. Die kleine Hexe besaß einen Raben, der sprechen konnte. Das war der Rabe Abraxas. Er konnte nicht nur „Guten Morgen!“ und „Guten Abend!“ krächzen wie ein gewöhnlicher Rabe, der sprechen gelernt hat, sondern auch alles andere. Etwa sechs Stunden am Tage verbrachte die kleine Hexe damit, sich im Hexen zu üben. Das Hexen ist keine einfache Sache. Die kleine Hexe war erst auf Seite zweihundertdreizehn des Hexenbuches. Sie übte gerade das Regenmachen. Sie saß auf der Bank vor dem Backofen, hatte das Hexenbuch auf den Knien liegen und hexte. Der Rabe Abraxas saß neben ihr und war unzufrieden. „Du sollst einen Regen machen“, krächzte er vorwurfsvoll, „und was hext du? Beim ersten Mal lässt du es weiße Mäuse regnen, beim zweiten Mal Frösche, beim dritten Mal Tannenzapfen!“ „Ich muss mich beim Hexen versprochen haben“, sagte die kleine Hexe. „Versprochen haben!“, krächzte der Rabe Abraxas. „Ich werde dir sagen, woran es liegt. Zerstreut bist du! Wenn man beim Hexen an alles Mögliche andere denkt, muss man sich ja verhexen! Du solltest eben ein bisschen mehr bei der Sache sein!“ „Findest du?“, meinte die kleine Hexe. Dann klappte sie ihr Hexenbuch zu. „Du hast ja Recht!“, rief sie zornig. „Es stimmt, dass ich nicht bei der Sache bin. Und warum nicht?“, sie blitzte den Raben an. „Weil ich eine Wut habe!“ „Wut?“, wiederholte der Rabe Abraxas. „Auf wen denn?“

„Es ärgert mich", sagte die kleine Hexe, „dass heute Walpurgisnacht ist. Heute treffen sich alle Hexen zum Tanz auf dem Blocksberg." „Na - und?" „Und ich bin noch zu klein für den Hexentanz, sagen die großen Hexen. Sie wollen nicht, dass ich auf den Blocksberg reite und mittanze!" „Was man nicht haben kann, soll man sich aus dem Kopf schlagen", krächzte der Rabe. „Ändert sich etwas daran, wenn du zornig bist? Nimm Vernunft an! Was willst du denn machen?" Da sagte die kleine Hexe: „Ich weiß, was ich mache. Ich reite heute Nacht auf den Blocksberg!" Der Rabe erschrak. „Auf den Blocksberg?! – Das haben dir doch die großen Hexen verboten! Sie wollen beim Hexentanz unter sich sein." „Pah!", rief die kleine Hexe. „Verboten ist vieles. Aber wenn man sich nicht erwischen lässt ..."

Die kleine Hexe ritt in der Nacht auf den Blocksberg. Sie mischte sich unbemerkt unter die Tanzenden. „Heia, Walpurgisnacht!", sang sie aus voller Kehle. Sie wirbelte mit um das Hexenfeuer. Sicherlich wäre alles gut gegangen – nur hätte die kleine Hexe nicht ihrer Muhme 📖, der Wetterhexe Rumpumpel, über den Weg tanzen dürfen! Die Muhme Rumpumpel verstand keinen Spaß, sie war eingebildet und böse. „Sieh da!", rief sie, als ihr die kleine Hexe im Trubel begegnete. „Welch eine Überraschung! Was suchst du hier? Antworte! Weißt du nicht, dass es für junge Dinger verboten ist, heute Nacht auf den Blocksberg zu kommen?" „Verrate mich nicht!", bat die kleine Hexe erschrocken. Die Muhme Rumpumpel erwiderte: „Nichts da! Du freches Stück musst bestraft werden!"

Otfried Preußler (gekürzt)

- ● Was erfährst du über die kleine Hexe und den Raben Abraxas?
- ● Hast du schon einmal etwas Verbotenes getan? Erzähle.
- ○ Welche Strafe könnte die kleine Hexe erwarten? Du kannst die Geschichte weiterschreiben.

Schloss Wernigerode S. 87

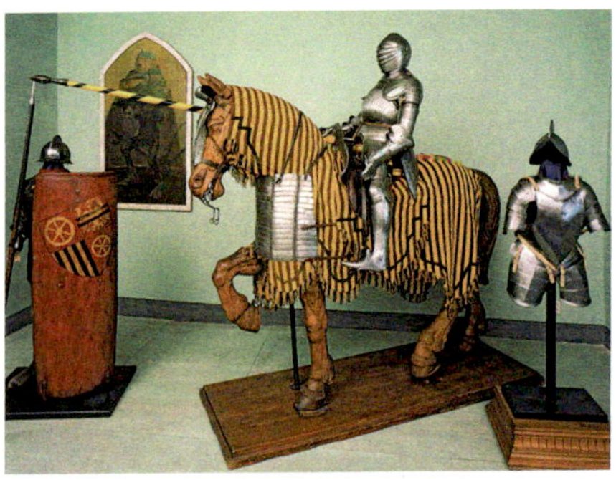

Die ehemals mittelalterliche Burg wurde Anfang des 12. Jahrhunderts errichtet. Sie diente den deutschen Kaisern im Mittelalter als Übernachtungsort während ihrer Jagdausflüge in den Harz. Im 30jährigen Krieg wurde die Burg schwer verwüstet. Graf Ernst zu Stolberg-Wernigerode baute sie deshalb im späten 17. Jahrhundert zu einem romantischen Residenzschloss in Form einer Rundburg um.

Seit 1930 ist das Schloss in Teilen der Öffentlichkeit zugänglich. Auf dem Schlosshof befinden sich noch alte Kanonen. Die weiträumigen Parkanlagen laden zum Verweilen ein.

Im Inneren des Schlosses kann man sich in 50 Räumen anschauen, wie der Adel in der 2. Hälfte des 19. Jahrhunderts gelebt hat. Neben alten Möbeln sind hier auch Ritterrüstungen zu sehen. Gruselig ist der Besuch der Folterkammer.

In der kalten Jahreszeit lädt die Märchenfee zu einer besonderen Stunde in den Rauchsalon ein. Dort liest sie am knisternden Kamin Geschichten vor.

- Finde eine Überschrift zu jedem Abschnitt.
- Schreibe zu jeder Überschrift in Stichpunkten auf, was du in den Abschnitten über das Schloss erfährst.

Achtung! Spukzeit!

In der Nacht, in der Nacht,
wenn der bleiche Mond erwacht,
hört man vor des Schlosses Toren
grässlich grausliches Rumoren.
Eine Stimme zischelt: „Hier!
Schlossgespenster! Folget mir!
Es ist Spukzeit! Aufgewacht!
Horch! Gleich schlägt es Mitternacht!“
Da! Kaum hat es zwölf geschlagen,
geht’s dem Schlossherrn an den Kragen.
Denn schon flitzen sie herbei
mit Gewimmer und Geschrei!
Flattern wild durch Tor und Fenster –
hundertdreizehn Schlossgespenster!
Rumpeln, pumpeln, kichern, keuchen!
Bis sie – hui! – ganz schnell entfleuchen.
Schluss! Die Spukzeit ist vorbei.
(Morgen spuken sie aufs Neu.)

Roswitha Fröhlich

Wir feiern eine Gruselparty

Hoch oben im Gespensterschloss

Hoch oben im Gespensterschloss,
hui und ha und bum.
Wer treibt sich da im Dunkeln rum?
Hui und ha und bum.
Der Kunibert im alten Schloss, das ist doch der Gespensterboss.
Kuni-Kuni-Kunibert fuchtelt wild mit seinem Schwert.
Kuni-Kuni-Kunibert fuchtelt wild herum.

Er findet nie und nirgends Ruh',
hui und ha und bum.
Drum sucht im Dunkeln er herum,
hui und ha und bum.
Der Kunibert ist so allein viel schöner wär' es doch zu zwein.
Kuni-Kuni-Kunibert fuchtelt wild mit seinem Schwert.
Kuni-Kuni-Kunibert fuchtelt wild herum.

Barbara Cratzius

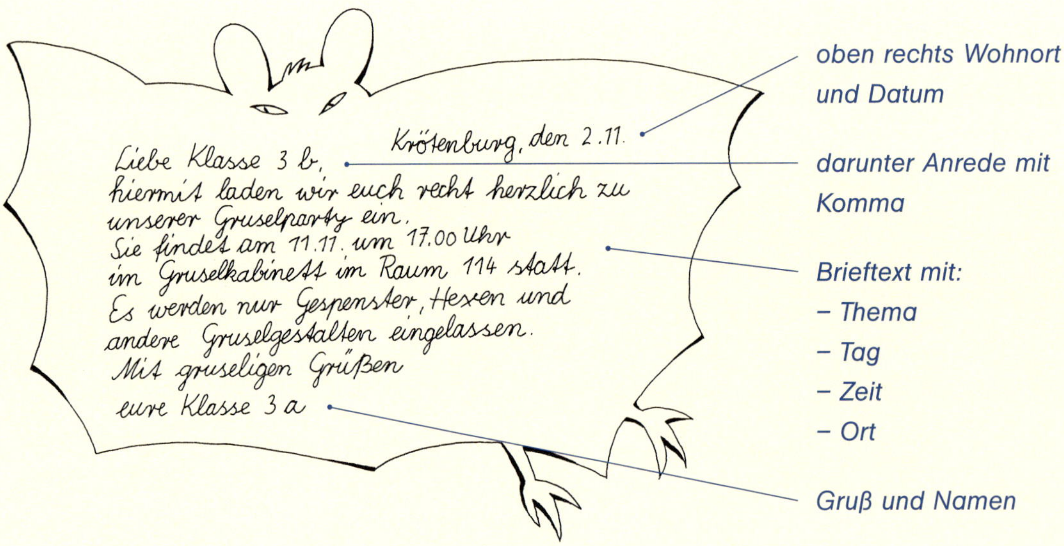

- Schreibe eine Einladung zur Gruselparty.
- Du kannst die Karte auch gestalten.

Zutaten bereitstellen Melissentee und Pfefferminztee aufgießen

Rand einreiben und in Zucker eintauchen Eiswürfel einfüllen

mit Waldmeistersirup verfeinern dekorieren mit Apfelsinenschale

- Beschreibe, wie du einen Hexendrink herstellen kannst.

Spinnenwettrennen

Man braucht:
– zwei gebastelte Spinnen an gleich langen Fäden
– zwei Pappstreifen zum Aufwickeln der Fäden
Es spielen immer zwei Schüler gegeneinander.
Nach dem Startkommando zieht jeder seine Spinne zu sich heran, indem er den Faden möglichst schnell auf den Pappstreifen aufwickelt.
Wer wird Sieger?

- Plant selbst eine Gruselparty.
- ○ Ihr könnt euch weitere Rezepte und Programmpunkte ausdenken.

AH S. 36

Trennungen

Lotta und Faruk basteln einen Regenstab.
Auf Lottas Katze Morle achten sie nicht.
Sie gehen nur für kurze Zeit aus dem Zimmer.
Als sie zurückkommen, hat sich Morle versteckt.
Der ganze Reis liegt auf dem Fußboden verstreut.
Jetzt brauchen sie den Staubsauger.

1. Schreibe den Text ab.
   Setze die Silbenbögen.
2. Schreibe nun den Text mit Trennungen auf.

Satzzeichen

Faruk schaut auf die Uhr
O je, es ist schon spät geworden
Beim Basteln mit Lotta hat er die Zeit vergessen
Ob er zu Hause Ärger bekommt
Schnell läuft er los
Er muss ein kleines Stück durch den Wald
Endlich ist er zu Hause

3. Wie könnte das Gespräch zwischen Faruk und seiner Mutter verlaufen?
4. Schreibe die Sätze ab und setze die Satzschlusszeichen.

Pronomen

Max kauft sich ein Buch.	kauft sich ein Buch.
Lisa möchte es auch lesen.	möchte es auch lesen.
Die beiden lieben Tierbücher.	lieben Tierbücher.

5. Schreibe die Sätze ab. Setze Pronomen ein.

Verben mit Vorsilben

Maro will aus seinem Buch *vorlesen*.
Maro ___ aus seinem Buch ___.

Mira soll den Text *abschreiben*.
Mira ___ den Text ___.

Leo und Ali können sich nun *ausruhen*.
Leo und Ali ___ sich nun ___.

❶ Schreibe die Sätze ab. Füge die Verben richtig ein.

❷ Markiere in allen Sätzen die Verben mit Vorsilben.

Adjektive

Teresas Heimweg ist lang.
Der Hund steht hungrig vor seinem Napf.
Alis Onkel in Amerika ist reich.
Seit den Ferien ist Paula fleißig in der Schule.
Die Katze klettert flink auf den Baum.

❸ Schreibe die Sätze ab. Unterstreiche die Adjektive.

❹ Schreibe sie untereinander heraus und das gegenteilige Adjektiv jeweils dahinter.

Zusammengesetzte Substantive

Felix hat heute seine *ehuhcsnruT* vergessen.
Deshalb kann er nicht *llabbroK* mitspielen.
Seine *nedaremaknessalK* sind sauer auf ihn.
Nun fehlt ihnen ihr bester *releipsrhewbA*.

❺ Kannst du die Sätze lesen?

❻ Schreibe sie richtig auf.
Unterstreiche die zusammengesetzten Substantive.

Pronomen

Hexe Lissi hat eine Katze.
Hexe Lissis Katze heißt Flocke.
Hexe Lissi nimmt Flocke gern
auf dem Besen mit.
Am liebsten fliegt Hexe Lissi mit Flocke
zu ihrem Freund Knut.
Aber Knut mag Flocke nicht.
Flocke zerrt immer
an Knuts Gespensterumhang.
Das ärgert Knut sehr.

1. Schreibe den Text ab. Unterstreiche alle Substantive, die du durch Pronomen ersetzen willst.

2. Setze Pronomen ein, damit die Geschichte besser klingt. Schreibe den Text auf.

Mit Adjektiven treffend beschreiben

Peter sieht im Schaufenster ein Auto.
Das möchte er kaufen.
Er sagt zu dem Verkäufer:
„Ich möchte das Auto dort haben."
„Welches? Da stehen fünf verschiedene",
antwortet der Verkäufer.

3. Welches Auto könnte Peter kaufen? Beschreibe ein Auto. Die folgenden Wörter können dir helfen:

hoch | kurz | breit | sportlich | schnittig | lang | niedrig

4. Bilde die Vergleichsstufen der Adjektive. Schreibe so: *hoch – höher – am höchsten, ...*

5. Du kannst ein Kind aus deiner Klasse beschreiben und die anderen raten lassen, wen du gemeint hast.

Wörter mit -heit, -keit, -ung

Knuts Geisterschloss lag in einiger Entfernung zur Zauberschule.

Dunkelheit | Helligkeit

Knut flog ungern in der ▒▒▒ durch den Zauberwald.

Feigheit | Tapferkeit

Aber er musste seine ▒▒▒ überwinden.

Ängstlichkeit | Erleichterung

Endlich sah er mit ▒▒▒ sein Geisterschloss.

Einsamkeit | Sicherheit

Jetzt war er in ▒▒▒.

1. Schreibe die Geschichte ab und setze dabei die richtigen Substantive ein.
2. Markiere -heit, -keit und -ung.
3. Bilde Sätze mit den übrigen Wörtern auf den Wortkarten.

tapfer | feige | fröhlich | krank | ehrlich

gesund | dumm | traurig | verlogen | klug

4. Bilde mit -heit und -keit aus den Adjektiven Substantive.
5. Stelle nun Gegensatzpaare zusammen.

Wörter mit der Vorsilbe un-

sauber | ehrlich | zuverlässig | freundlich | genau

6. Bilde Gegensatzpaare, indem du die Vorsilbe un- nutzt.

Wörter mit -ig und -lich

Freund Geduld Ende Sonne Ärger
Friede Frost Ruhe Ehre Hast

❶ Bilde Adjektive mit -ig oder -lich.

❷ Ordne sie in einer Tabelle.

B		te
h		len
L	**eu**	te
B		le
h		te

R		m
M		s
Tr	**au**	m
Br		t
B		m

❸ Bilde Wörter mit eu und au.

❹ Schreibe zu den Wörtern mit au ein verwandtes Wort mit äu.

Raum	Lotta … die Socken in den Schrank.
Schaum	Das Wasser … in der Badewanne.
Traum	Maro … von den Ferien am Meer.

❺ Suche verwandte Wörter. Schreibe die Sätze auf.

Im Schloss
Im Schloss wird es langsam ruhig.
Auch heute wartet der Schlossherr freundlich,
bis die letzten Leute endlich gegangen sind.
Die Eulen beginnen erst um Mitternacht zu heulen.
Dann huschen auch die Mäuse durch die Räume.
Dort wartet die Katze geduldig auf ihre Beute.

❻ Übe den Text als Diktat.

endlich freundlich Beute geduldig heulen heute

Die kleine Hexe

S. 76/77

	ja	nein
Die kleine Hexe war einhundertsechsundzwanzig Jahre alt.	S	W
Die kleine Hexe war einhundertsiebenundzwanzig Jahre alt.	A	G
Etwa sieben Stunden am Tag verbrachte sie mit Hexen.	K	L
Etwa sechs Stunden am Tag verbrachte sie mit Hexen.	P	O
Beim ersten Mal lässt sie es weiße Frösche regnen.	K	U
Beim ersten Mal lässt sie es weiße Mäuse regnen.	R	M
Die kleine Hexe ritt morgens auf den Blocksberg.	L	G
Die kleine Hexe ritt nachts auf den Blocksberg.	I	Ö
Die Muhme Rumpumpel war böse und eingebildet.	S	F
Die Muhme Rumpumpel war böse und eingerostet.	G	N
„Verrate mich nicht!“, bat die kleine Hexe.	A	W
„Schlage mich nicht!“, bat die kleine Hexe.	T	C
„Nichts da! Du freches Kind musst bestraft werden!“	P	H
„Nichts da! Du freches Stück musst bestraft werden!“	T	F

1. Schreibe alle zutreffenden Buchstaben nebeneinander, dann erhältst du ein Lösungswort.

Schloss Wernigerode

S. 78

Auf dem Schlosshof befinden sich noch alte Kanonen.

Die Burg wurde Anfang des 12. Jahrhunderts errichtet.

Gruselig ist der Besuch der Folterkammer.

Im 30jährigen Krieg wurde die Burg schwer verwüstet.

2. Schreibe die Sätze in der Reihenfolge auf, wie sie zum Inhalt des Sachtextes passen.

Tierisches

Schreck im Garten

Tim gehört im Garten eine kleine Ecke. Auf diesem Stück pflanzt er Blumen und knackigen Salat. Heute kommt er früher aus der Schule zurück. Er packt die Hacke und geht in den Garten. Dort entdeckt er das Unglück: Die Glockenblumen sind angefressen und an den Salatblättern erblickt er viele Löcher. Tim denkt: Wo steckt nur diese freche Schnecke? Die versteckt sich unter der Hecke und lässt es sich schmecken.

1. Schreibe den Text ab. Umrahme alle Wörter mit ck.
2. Klingt der Laut vor dem ck kurz oder lang?
   Markiere den Buchstaben vor dem ck: *Ecke, …*

Auf einen kurz gesprochenen Vokal folgt oft **ck**.
Du darfst **ck** nicht trennen, weil **ck ein einziger Laut** ist: pa-**ck**en.

Leyla ▒▒▒ ein Vogelei im Nest.
Mit dem Schnabel ▒▒▒ der Specht eine Höhle in den Stamm.
Im Herbst ▒▒▒ die Eichhörnchen Nüsse und Bucheckern.
Viele Menschen ▒▒▒ beim Anblick einer Spinne.
Der Hahn ▒▒▒ sich die dicksten Körner ▒▒▒.

erschrecken | entdecken | herauspicken | hacken | verstecken

3. Schreibe die Sätze mit den passenden Verben auf.
4. Schreibe die Verben in der Grundform und nach Silben getrennt auf.
   Schreibe so: *erschrecken: er-schre-cken, …*

S. 100

AH S. 37

Schnecken

Es gibt weltweit tausende Schneckenarten. Sie leben im Wasser und auf dem Land. Die bei uns lebende Weinbergschnecke trägt ein besonders großes Schneckenhaus, in das sie sich bei Gefahr zurückziehen kann. Sie bewegt sich langsam auf einem Kriechfuß fort. Dabei sondert eine Drüse am Fuß eine Schleimspur ab, über die die Schnecke gleitet. So kommt sie in einer Minute etwa sieben Zentimeter vorwärts.

❶ Schreibe einen Steckbrief über die Schnecke.

❷ Erkläre die Redensart *„So langsam wie eine Schnecke sein"*.

③ Du kannst im Lexikon oder im Internet weitere Informationen über Schnecken sammeln.

In vielen Sprichwörtern und Redensarten spielen Tiere eine wichtige Rolle:

Mit Speck fängt man Mäuse.

Besser einen Spatz in der Hand, als eine Taube auf dem Dach.

Wenn die Katze aus dem Haus ist, tanzen die Mäuse auf dem Tisch.

Ohne jemanden, der aufpasst, geht alles drunter und drüber.

Mit Schmeicheln erreicht man oft, was man will.

Manchmal sollte man sich mit weniger zufriedengeben.

❹ Ordne jedem Sprichwort die richtige Bedeutung zu. Schreibe so: *„Mit Speck fängt man Mäuse" bedeutet: Mit …*

S. 101

Rabenvögel

Oliver hat einen Sachtext über Rabenvögel gelesen:

Es gibt über 100 Rabenvogelarten. Alle Raben sind Singvögel, auch wenn ihr Krächzen in unseren Ohren nicht schön klingt. Sie sind sehr gelehrig.
Das Männchen lebt ein Leben lang mit dem gleichen Weibchen zusammen.
Bei uns sind drei Arten besonders bekannt: der Kolkrabe, die Nebelkrähe und die Elster.

Dazu hat er diese Stichpunkte aufgeschrieben:

Rabenvögel

- 100 Arten
- Singvögel
- gelehrig
- leben immer zusammen
- 3 bekannte Arten:
  Kolkrabe
  Elster
  Nebelkrähe

Oliver hat weitere Sachtexte über diese Vögel im Internet gefunden:

Der Kolkrabe
Der größte Rabenvogel Europas ist der Kolkrabe. Er wird bis zu 67 cm lang. Man erkennt ihn an seinem mächtigen Schnabel. Er kann viele Stimmen seiner Umgebung nachahmen. Die erwachsenen Tiere leben in Paaren zusammen, die Jungvögel in Schwärmen.

❶ Schreibe Stichwörter zum Kolkraben auf.

Die Elster
Die Elster hat ein schwarz-weißes Gefieder und einen langen Schwanz. Sie baut ihre überdachten Nester in hohen Bäumen. Die grünlichen Eier sind graubraun gefleckt. Der Volksmund 📖 sagt, dass Elstern glänzende Dinge in ihre Nester verschleppen.

❷ Stelle Fragen zur Elster.
Schreibe so: *Hat die Elster ein schwarz-weißes Gefieder? …*

AH S. 38

Die Nebelkrähe

Das Gefieder der Nebelkrähe ist aschgrau. Nur der Kopf, die Kehle, die Flügel und der Schwanz sind schwarz. Die Nebelkrähe kann 13 bis 15 Jahre alt werden. Nebelkrähen sind Allesfresser. Sie fressen Aas, Abfälle, kleine Wirbeltiere, Sämereien sowie Früchte. Schnecken, Muscheln, Krabben oder Walnüsse lassen sie aus größerer Höhe fallen, um deren Schalen zu brechen.

3 Lies den Text.
Wann steht zwischen manchen Wörtern ein Komma und wann nicht?

Werden Wörter oder Wortgruppen aufgezählt, trennen wir sie durch ein Komma. Vor **und**, **oder**, **sowie** setzen wir kein Komma:
Die Elster frisst Schnecken**,** Würmer **sowie** Eier.

4 Schreibe den Text ab. Markiere die Kommas.
Unterstreiche die Wörter und , oder , sowie .

Raben sind geschickte Redner.

5 Sprich die Zungenbrecher so schnell wie möglich.

6 Schreibe alle Wörter mit Bl/bl und Pl/pl am Wortanfang heraus.

S. 102/103

AH S. 38

Vor dem Zoobesuch

Die Klasse 3 plant einen Besuch im Zoo. Vorher gibt es viele Fragen.
Lotta fragt: „Werden wir auch die Affen sehen?“
„Können wir bei einer Fütterung dabei sein?“, will Tim wissen.
Die Lehrerin erkundigt sich: „Wer war denn noch nie in einem Zoo?“

❶ Schreibe den Text ab.

❷ Unterstreiche zuerst die wörtliche Rede, dann die Begleitsätze in einer anderen Farbe.

Der Begleitsatz kann vor oder hinter der wörtlichen Rede stehen.
Steht der **Begleitsatz vorne**, wird er durch einen **Doppelpunkt** von der wörtlichen Rede getrennt.
Tim fragt: „Wann fahren wir in den Zoo?“
Steht der **Begleitsatz hinten**, wird er immer durch ein **Komma** von der wörtlichen Rede getrennt.
„Wann fahren wir in den Zoo?“**, fragt Tim**.

❸ Schreibe auf, was die Kinder sagen.
Setze jeweils den Begleitsatz nach vorn und hinten.

AH S. 39

Tiere im Zoo

❶ Ordne die Argumente zur Zoohaltung nach Pro (dafür) und Kontra (dagegen). Lege eine Tabelle an.

❷ Bilde solche Sätze: *Die Tiere sind eingesperrt, aber viele …*

Sätze können durch **Bindewörter** miteinander verbunden werden.
Solche Bindewörter sind zum Beispiel: **denn**, **aber** und **weil**.
Vor diesen Bindewörtern steht ein **Komma**:
Tina möchte eine Katze haben, **aber** ihre Mutter erlaubt es nicht.

Der Löwe schläft im Schatten. — Er ist müde.

Der Affe turnt an einem Seil. — Es macht ihm Spaß.

Die Pinguine laufen zum Wärter. — Sie haben Hunger.

❸ Stelle Fragen zu den Sätzen.
Schreibe Antwortsätze mit „weil“ oder „denn“ auf.
Warum schläft der Löwe im Schatten?
Der Löwe schläft im Schatten, weil er …

S. 104

AH S. 40

Im Affenhaus

Um 14 Uhr pfeift der Wärter. Die Affen haben Hunger. Ein Schimpanse klopft mit einem Topf auf den Boden. Der Wärter verteilt Äpfel, Pflaumen, Apfelsinen und Pfirsiche. Dem kleinsten Schimpansen fällt ein Apfel in eine Pfütze. Schimpfend angelt er ihn wieder mit seinen Händen.

1. Schreibe den Text ab.
   Unterstreiche alle Wörter mit Pf/pf .
2. Schreibe alle Verben untereinander auf.

> Das Verb gibt an, in welcher Zeit etwas geschieht.
> Das **Präsens** (die **Gegenwart**) zeigt an, dass etwas jetzt stattfindet:
> Aysu **schreibt** einen Brief. Der Affe **turnt**.
> Das **Präteritum** (die **einfache Vergangenheit**) zeigt an, dass etwas vor längerer Zeit stattfand. Es wird vor allem beim Schreiben benutzt: Aysu **schrieb** einen Brief. Der Affe **turnte**.

3. Bilde die Präteritumformen. Schreibe sie neben die Präsensformen.
   Schreibe so: *pfeift – pfiff, …*

ich gehe er schreibt sie turnen wir rufen sie denkt ich kaufe

4. Bilde auch zu diesen Präsensformen die Präteritumformen.
5. Unterstreiche die Veränderungen.

S. 105

AH S. 41

Zoogeschichten

Am nächsten Tag wollen die Kinder im Stuhlkreis vom Ausflug in den Zoo berichten. Alle reden durcheinander. Da schlägt die Lehrerin vor: „Jeder kann über ein Erlebnis aus dem Zoo schreiben. Mit diesen Geschichten können wir dann ein Buch für die ganze Klasse machen.“ Alle Kinder sind begeistert und wollen gleich anfangen.

❶ Was hast du mit deiner Klasse erlebt?
Schreibe eine Geschichte über dieses Erlebnis.

Schreibtipps für Erlebniserzählungen

1. Schildere in einer kurzen Einleitung, **wo** und **wann** das Erlebnis stattfand und **wer** beteiligt war.
2. Erzähle im Hauptteil, **was** passierte.
   Schildere nur ein einziges Erlebnis mit allen Einzelheiten.
3. Erzähle im Präteritum.
4. Gebrauche durchgängig die ich-Form oder die er/sie-Form.
5. Verwende wörtliche Rede, in der die Personen ihre Gefühle und Gedanken bei dem Erlebnis ausdrücken.
6. Beschreibe in einem kurzen Schluss, wie das Erlebnis endete.

② Ihr könnt die Geschichten in einer Schreibkonferenz besprechen.
Achtet dabei auf die Schreibtipps.

S. 106/107

AH S. 42

Katz' und Maus

Müssen Mäuse vor allen Katzen Angst haben?
Die Katze will sich auf einem sonnigen Platz ihre Tatzen putzen. Trotzdem bleibt das Mäuschen still in seinem Versteck sitzen. Plötzlich beginnt es zu regnen und zu blitzen. Die Katze macht einen Satz und entdeckt die Maus. „Jetzt beginne ich doch zu schwitzen", denkt die Maus. „Wo finde ich nur Schutz?" Aber die Katze ist alt. Sie überlegt: „Soll ich wirklich bei dem Regen diese kleine Maus hetzen?"

1. Schreibe die Geschichte zu Ende.
2. Schreibe alle Wörter mit tz aus dem Text auf. Unterstreiche tz .

> Auf einen kurz gesprochenen Vokal folgt oft **tz**: Hi**tz**e, kra**tz**en.
> Du kannst **tz** trennen, weil **tz** aus **zwei Lauten** besteht:
> Hit-ze, krat-zen.

3. Schreibe alle Verben mit tz aus dem Text untereinander auf. Trenne sie nun in Silben: *putzen: put-zen, ...*
4. Finde Reimwörter zu einigen Wörtern mit tz aus dem Text.

S. 108/109

AH S. 43

Lustige Klammermäuse

Paul erklärt Aysu, wie er seine Klammermaus gebastelt hat:

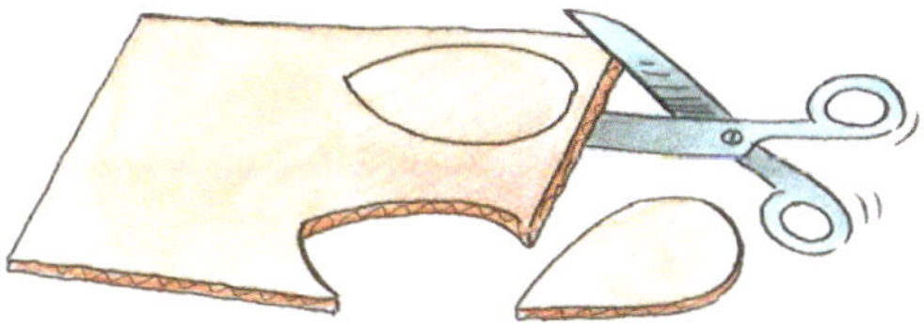

Ich habe zuerst die Ober- und Unterseite der Maus nach der Vorlage aus Pappe ausgeschnitten.

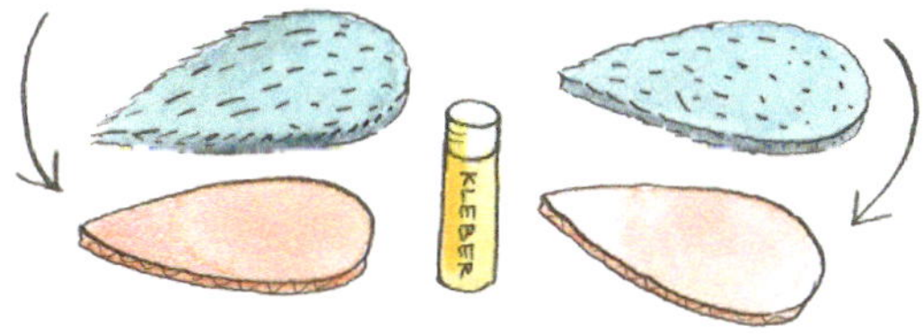

Dann habe ich die beiden Teile für den Körper aus grauem Filz ausgeschnitten und auf die Pappe geklebt.

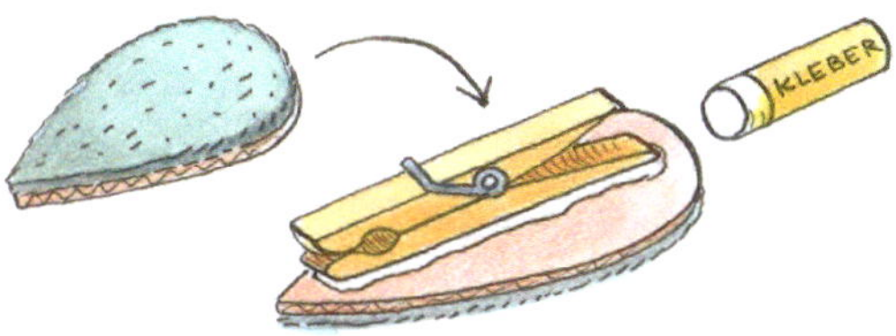

Diese beiden Teile habe ich auf die Ober- und Unterseite der Wäscheklammer geklebt.

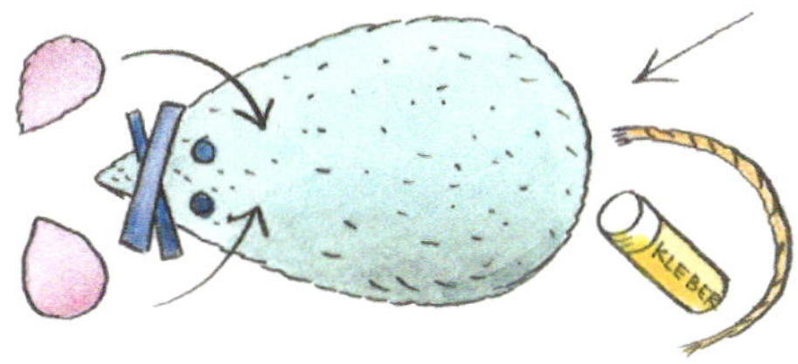

Zum Schluss habe ich aus Kordel den Schwanz und aus Filz Ohren, Schnurrbart und Augen befestigt.

① Du kannst die Klammermaus nachbasteln.

❷ Schreibe den Text in der er-Form auf.
Beginne so: *Paul hat zuerst …*

❸ Unterstreiche die Verben.

Das **Perfekt** (die **vollendete Gegenwart**) zeigt an, dass etwas bereits vorbei ist. Es wird mit „haben“ oder „sein“ und einem Verb in der Grundform gebildet. Du benutzt es meist beim mündlichen Erzählen: Ich **habe** ein Buch **gelesen**. Er **ist** in die Schule **gegangen**.

Paul berichtet. Aysu antwortet. Sie laufen.

❹ Schreibe die Sätze im Perfekt.

AH S. 44

Der Unterschied

Eine kleine Schnecke
kroch um eine Hecke
und sah auf einer Wiese
die Kuh Marie-Luise.
Die kleine Schnecke betrachtete sie,
staunte sie an,
kroch näher und schrie:
„Hallo, schau mal, große Kuh:
Ich hab' Hörner ganz wie du!"
Die Kuh, die trottete vorbei,
die Schnecke war ihr einerlei.
„Das mit den Hörnern mag ja sein",
so sagte sie im Gehen,
„doch meine sind groß
und deine sind klein",
und ließ die Schnecke stehen.

Paul Maar

Schneckenarten

Schnecken | Die Schnecken gehören zu den Weichtieren. Sie leben nicht nur an Land, sondern auch im Meer und im Süßwasser. Es gibt Schnecken, die ein Gehäuse tragen aber auch Nacktschnecken ohne Gehäuse. Das Schneckenhaus ist wie eine Spirale gedreht und besteht hauptsächlich aus Kalk. Schnecken können ihren Körper meist in das Gehäuse zurückziehen. Der Körper besteht aus Kopf, Fuß, Eingeweidesack und Mantel. Am Kopf sitzen die Augen und die Fühler.

Die Bänderschnecke | Sie ist ca. 10 bis 22 mm lang und lebt in feuchten Gebüschen, Hecken und Gärten. Sie ernährt sich von Pflanzen. Besonders interessant ist ihr Gehäuse. Dieses kann eine gelbe, braune oder rosa Farbe haben. Es gibt sowohl Bänderschnecken mit dicken als auch mit dünnen Bändern. Einige haben auch gar keine Bänderung.

Die Schließmundschnecke | Sie hat ein turmartig gewundenes, spindelförmiges Gehäuse. Es weist 10 Windungen oder mehr auf. Man findet sie bei feuchtem Wetter unter anderem an Baumstämmen, Mauern und Felsen. Sie ernährt sich von Algen. Die meisten Schließmundschnecken sind kleiner als 20 mm.

Die große Wegschnecke | Sie ist mit 10 bis 15 cm Länge eine sehr große Nacktschnecke. Sie kann schwarz, rot, orange oder grau aussehen. Besonders auffällig sind die großen länglichen Runzeln am Fuß der Schnecke. Große Wegschnecken leben in Wiesen, Mooren, Hecken, Wäldern und Gärten. Sie kommen sogar in einer Höhe von 1 800 m vor. Ihre Nahrung besteht meist aus frischen Pflanzen, gelegentlich jedoch auch aus Aas, das mit Hilfe der Raspelzunge zerkleinert wird.

- Was erfährst du über Schnecken?
- Fertige für jede Schnecke einen Steckbrief zu Aussehen, Lebensraum und Ernährung an.
- ○ Du kannst weitere Steckbriefe zu anderen Schneckenarten anlegen.

AH S. 45

Rabe und Pfauen

Dem Raben kam zu Ohren, dass die Pfauen ein großes Fest feiern wollten, und er wünschte sich sehnlichst, teilnehmen zu können. Er wusste aber genau, dass die schönen Vögel keine schlichten schwarzen Raben zulassen würden.

So zerbrach er sich den Kopf nach einem Ausweg. Da sah er im Geflügelhof die Federn liegen, die den Pfauen nach der Mauser 📖 ausgefallen waren, und er beschloss, sich damit zu verkleiden und der Festgesellschaft ein Schnippchen zu schlagen 📖.

Der eitle Rabe stand stunden- und stundenlang vorm Spiegel und putzte sich mit den Pfauenfedern auf. Schließlich war er mit seinem schillernden Gefieder zufrieden und sagte: „Ich bin genauso schön wie die prächtigen Pfauen, viel zu schön, um mich noch mit schäbigen Raben abzugeben!“

Er wandte seinen alten Freunden hochmütig den Rücken und spazierte zum Festsaal.

Im ersten Augenblick waren alle Gäste von dem stattlichen Rad des Raben beeindruckt. Doch dann entdeckten sie den Betrug, und sie pickten und hackten nach der Verkleidung und rissen und rupften ihm im Nu die gestohlenen Federn aus dem schwarzen Schwanz.

So stand der Rabe dumm und dämlich da und schlich sich nackt und verhöhnt aus dem Festsaal. Was blieb ihm anderes übrig, als zu den verratenen Freunden zurückzukehren?

Die aber verspotteten ihn und kreischten: „Man soll sich nicht mit fremden Federn schmücken!“

Aesop

AH S. 46

Der Adler und der Rabe

Ein Adler wollte einmal eine Nuss mit seinem Schnabel aufhacken. Da kam ein Rabe angeflogen und ließ sich auf einem Ast neben ihm nieder.
Voller Verlangen betrachtete er die Nuss. „So wie du es anstellst, wird nie etwas draus“, sagte der Rabe. „Wenn ich du wäre und so hervorragend fliegen könnte, würde ich ganz hoch fliegen. So hoch, wie es nur geht. Dann würde ich die Nuss einfach fallen lassen. Nur so wirst du an den Kern kommen.“
Dieser Vorschlag leuchtete dem Adler ein. Er stieg empor und flog so hoch, dass er nur noch als winziger Punkt am Himmel zu sehen war. Dann ließ er die Nuss fallen. Darauf aber hatte der Rabe nur gewartet. Rasch sprang er von seinem Ast und schnappte sich seine Beute.
Als der Adler schließlich wieder unten angekommen war, hatte sich der Rabe längst mit der Nuss davongemacht.

Aesop

- ● Welche Charakterzüge haben die Raben? Vergleiche die beiden Fabeln.
- ○ Ihr könnt beide Fabeln aus der Sicht eines der Tiere erzählen.

AH S. 46

Zoos in Deutschland

Zoo Leipzig

Pongoland im Zoo Leipzig ist mit ca. 30.000 qm die weltgrößte Anlage, in der Schimpansen, Bonobos, Gorillas und Orang-Utans gehalten werden. Sie können sich auf fünf großen Außenanlagen im Sommer betätigen.

Hier können die Besucher nicht nur die Menschenaffen, sondern auch die Wissenschaftler des Max-Planck-Institutes beobachten. Diese versuchen, mehr über die Fähigkeiten der Affen herauszufinden. Damit können sie die Entstehung des Menschen erforschen.

Zoo Berlin

Der Zoologische Garten Berlin ist nicht nur der älteste Zoo Deutschlands, sondern auch der artenreichste Zoo der Welt. Er gilt als „grüne Oase mitten in der Großstadt".

Eine besondere Attraktion im Winter sind die Kindernachtführungen im Zoo-Aquarium. Dabei können Aquariumsbewohner wie Welse, einige Schlangen, Kröten sowie Skorpione, die erst mit dem Anbruch der Dunkelheit munter werden, beobachtet werden.

Menschenaffen

Die Menschenaffen sind unsere engsten Verwandten im Tierreich und zeigen auch ähnliche Verhaltensweisen. Zu dieser Familie gehören Schimpansen, Orang-Utans und Gorillas. Alle Menschenaffen haben im Gegensatz zu vielen anderen Affenarten keinen Schwanz.

Schimpansen

Schimpansen werden zwischen 1 m und 1,70 m groß. Die Männchen können bis zu 70 kg schwer werden, die Weibchen jedoch nur 50 kg. Die Arme sind wie bei allen Affen deutlich länger als die Beine. Auffallend sind die langen Finger und der kurze Daumen. Die Schimpansen lernen als Jungtiere durch das Beobachten älterer Tiere den Umgang mit verschiedenen Werkzeugen. So verwenden sie in der freien Natur zerkaute Blätter als Schwämme, um Wasser aus Bodenlöchern zu schöpfen. Mit Steinen und Ästen können sie Nüsse knacken oder Angreifer abwehren.

Gorillas

Die Gorillas sind die größten und schwersten Menschenaffen. Sie können bis zu 1,75 m groß und 200 kg schwer werden. Sie leben in den tropischen Wäldern Afrikas. Untereinander verständigen sie sich durch verschiedene Laute, Gesichtsausdrücke oder Gebärden wie dem bekannten Trommeln auf der Brust.
Mit ihren dicken Augenwulsten sehen sie immer etwas ernst oder traurig aus.
Die Gorillas sind Familientiere, die in einem Rudel von bis zu 20 Tieren leben.
Ihr Anführer ist ein altes Männchen. Ihn nennt man wegen seiner auf dem Rücken schon grau gefärbten Fellfarbe den Silberrücken.

AH S. 47

Hirsch Heinrich S. 115

Hirsch Heinrich kam aus einem dichten Wald aus China in den großen Tierpark. Richtig glücklich war er hier allerdings nicht, denn ihm fehlte sein Wald. Doch Hirsch Heinrich hatte Spaß an den Kindern. Sie standen oft am Gatter, warfen ihm eine Möhre zu und freuten sich.

Als jedoch der Sommer verging, als der Herbst kam, als es gar winterte, kamen immer weniger Kinder in den Tierpark. Das Wetter war nass, war kalt – und es mussten Weihnachtsgeschenke gebastelt werden. Hirsch Heinrich wusste das nicht. Er stand am Gatter und wartete auf Kinder.

Am 23. Dezember wartete Heinrich lange. Erst spät, am Nachmittag, kam ein Junge. Er trug Ohrenklappen, hatte eine rotgefrorene Nase und warf Hirsch Heinrich mit Erlaubnis des Tierpflegers eine Mohrrübe zu. Es war Paul. Ganz liebevoll fraß Heinrich die Mohrrübe. Aber am 24. Dezember, am Weihnachtsabend, war er sehr traurig. Niemand hatte Zeit für Heinrich. Alle Kinder dachten nur an Weihnachtsgeschenke. Es kam niemand. Nicht mal ein Erwachsener.

Heinrich wartete bis zum späten Abend. Aber es kam weder Paul mit der rotgefrorenen Nase noch die Mädchen mit den blonden Zöpfen, es kam niemand. Da nahm Hirsch Heinrich einen Anlauf und sprang über das Gatter. Alle Tiere waren sehr erstaunt. Heinrich aber verabschiedete sich vom Eisbären, vom Löwen, vom Elefanten und vom Kamel. Dann trabte er in die Winternacht. Sachte fiel der Schnee. Hinter den Fenstern der Häuser standen Tannenbäume mit Kerzen. Die Menschen hatten sich den Wald in die Wohnung geholt. Sie schenkten sich gegenseitig Schokolade und Spielzeug und Filzpantoffeln. Die Kinder ritten auf ihren neuen Schaukelpferdchen, und manche Leute sangen sehr traurige Lieder. Die meisten Menschen aber waren fröhlich und aßen Gänsebraten.

Hirsch Heinrich trabte in den Wald. Er wollte nach China zurück. In seinen heimatlichen Wald. Er trabte fröhlich dahin. Heinrich schlug mit den Hinterläufen aus wie ein kleines Pferd. Sonst war es stille Nacht. Weit ist der Weg nach China. Heinrich trabte und trabte. Es war hübsch anzusehen, wie Heinrich in den nächtlichen Wald kam. Allerdings wusste er nicht, wie hübsch das aussah. Er hatte ganz andere Sorgen. Der Weg nahm nämlich kein Ende und Heinrich hatte Hunger. Vorbei ging es an Kiefern und Eicheln und Birken. Heinrich war ganz allein. Da sah er eine Kindergruppe aus dem Dorf spazieren.

Es waren genau vierzehn Kinder und der Erwachsene war ein lustiger Lehrer. Das waren die Kinder, die den Hirsch Heinrich im Tierpark besucht hatten. Sie trugen mit sich ein Tannenbäumchen. Warum trugen die Kinder ein Tannenbäumchen in den Wald? Am Bäumchen hingen Rüben und Kohlstücke, Maiskerne und Heubüschel – auch ein Schälchen Salz war dabei und andere Leckereien. Das war für die Tiere des Waldes der Weihnachtsbaum. Die Kinder steckten ihn fest in die Erde. Der Lehrer machte eine Verbeugung zum Walde und sagte: Wir wünschen allen Tieren, dass es schmeckt. Und gute Feiertage! Die Kinder lachten und sangen noch ein Lied. Dann zog das Trüpplein wieder zum Dorf, der lange Lehrer hinterher. Bald kamen die Tiere und hielten ihre Weihnachtsmahlzeit. Drei Hasen kamen, die zwei Rehe sprangen herbei, und ein Schneehuhn pickte Maiskörner. Hirsch Heinrich trat aus dem Tannendickicht und futterte eine Rübe. Nur der Fuchs machte einen großen Bogen um die friedlichen Tiere. Hirsch Heinrich hatte ein bisschen Sehnsucht nach dem Tierpark. Vor allem: nach den Kindern. Und er dachte an den netten Paul. So senkte er sein Geweih dankend vor dem bunten Dorf und trabte nach Hause. Natürlich nicht nach China, sondern zum Tierpark. Das war auch viel näher.

Fred Rodrian (Auszug)

- Warum war Hirsch Heinrich traurig?
- Warum ist eine artgerechte Haltung so wichtig?
- Was könnt ihr für die Tiere im Winter tun?

Kannst du mich fangen? S. 115

„Möchtest du mich fangen?“, piepste die Maus Micki plötzlich vor der Nase der Katze Elvira.

„Jaaa!“, miaute Elvira. Und stürzte sich auf die Maus Micki.

Aber die Maus war schneller. Sie flitzte wie eine Rakete durch das Zimmer.

„Ho-ho-hu-hi! Du kannst mich nicht fangen. Du kannst mich nicht fangen.“

„Das werden wir sehen, miaauuu…“, miaute Elvira und machte einen Riesensprung. Sie verfehlte die Maus wieder und fiel auf die Nase.

„Aua-miau-aua!“ Das tat ihr weh.

„Du darfst nicht so große Sprünge machen, pieps-pieps. Arme Katze. Soll ich dich trösten?“

„Du brauchst mich nicht zu trösten. Miau. Ich werde dich bald fangen.“ „Kannst du nicht. Kannst du nicht!“

„Kann ich doch! Kann ich doch! Miauuuu!“ Elvira machte einen neuen Sprung. „Was habe ich gesagt. Jetzt hab ich dich erwischt …Miau!“ Endlich hatte sie die Maus Micki.

„Pieps! Das war ein guter Sprung!“, meinte die Maus. „Bitte, lass mich jetzt aber los…“

Elvira ließ die Maus los und miaute: „Jetzt jagst du. Ich wette, dass du mich nicht fangen kannst!“

Ein Hund, der alles beobachtet hatte, fragte verwundert: „Sag mal, Katze, warum frisst du die blöde Maus nicht?“

„Bist du denn verrückt?“, miaute Elvira. „Und mit wem soll ich dann Fangen und Verstecken spielen?“

Dimiter Inkiow

Garfield

Garfield ist ein verfressener Kater, der Lasagne liebt und am liebsten den ganzen Tag schlafen würde. Sein Erfinder ist der amerikanische Comiczeichner Jim Davis. Er wurde am 28. Juli 1945 in den USA geboren und wuchs auf einer Farm auf, umgeben von 25 Katzen. Weil er häufig krank war, musste er oft im Haus bleiben und vertrieb sich seine Zeit mit Zeichnen.

1978 erschien der erste Garfield-Comic. Den Kater hat Davis nach seinem Großvater benannt. Mittlerweile gibt es nicht nur Comicstreifen über Garfield, sondern auch Bücher, Zeichentrickserien und drei Kinofilme.

- Warum hilft Garfield der Maus?
- Was haben die Katze Elvira und der Kater Garfield gemeinsam?

Satzglieder

Lotta	fährt	heute	mit ihrer Klasse	in den Zoo.

1. Stelle die Satzglieder um.
   Schreibe alle Sätze auf, die möglich sind.

2. Schreibe den Text ab.

Die Klasse 3 fährt in den Zoo.
Die Kinder steigen in den Bus.
Am Eingang wartet ein Zoowärter.
Zuerst gehen sie zu den Affen.
Ein Affe turnt am Seil.

3. Trenne die Satzglieder durch Striche voneinander.

4. Stelle die Satzglieder zu Fragesätzen um.
   Schreibe so: *Fährt die Klasse 3 in den Zoo?*

5. Du kannst eigene Zoo-Sätze bilden und umstellen.

Wortfamilien

tanzen	springt	gespuckt	Springseil	
Tanz	Spucke	getanzt	springen	spucken

6. Schreibe die Wörter aus der gleichen Wortfamilie auf.
   Schreibe so: *tanzen – Tanz – ...,*

7. Unterstreiche jeweils die Wortstämme.

8. Bilde eine eigene Wortfamilie.
   Schreibe möglichst viele passende Wörter auf.

Lange und kurze Vokale

1 Sprich die Wörter deutlich.
Klingt der markierte Vokal lang oder kurz?

Affe | M**ö**we | K**a**tze | Pf**e**rd | L**a**ma | H**u**hn | Sp**a**tz | Fl**ie**ge

H**a**hn | Schn**e**cke | K**i**tz | Schw**a**n | Sp**i**tz | Z**ie**ge | M**ü**cke | L**ö**we

2 Ordne die Tiernamen in eine Tabelle ein. Was fällt dir auf?

langer Vokal	kurzer Vokal

3 Schreibe die Verse mit den passenden Reimwörtern auf.

Über die Brücke
fliegt eine ___.

Unter der Hecke
sitzt eine ___.

Auf der Matratze
liegt eine ___.

Einen Brief an den Schatz
schreibt heut der ___.

Ein geheimnisvoller Brief

Der Spatz hat einen geheimnisvollen Brief geschrieben.

4 Schreibe die falschen Wörter heraus.
Sie ergeben einen Lösungssatz.

Heute scheint endlich wollen die Sonne,
Das wir ist toll!
Was uns machst du?
Ich schreibe dir diesen treffen Brief.
Alles liebe,
dein ? Spatz

Aufzählung

Maro mag Elefanten Zebras Affen sowie Nashörner.
Lotta mag Kängurus Erdmännchen und Faultiere.

1. Schreibe die Sätze ab und setze die Kommas. Markiere sie farbig.
2. Welche Zootiere magst du? Bilde Sätze und setze die Kommas.

Die wörtliche Rede

Lisa, Carlos, Paul und Emil stehen vor der Affenanlage.

Paul fragt	Hast du den Gorilla gesehen?
Ja, er ist riesig!	staunt Emil.
Paul meint	Sie können sehr gefährlich sein.
Da springt einer auf den Baum!	ruft Nils.

3. Schreibe auf, was die Kinder sagen. Achte darauf, wo der Begleitsatz steht und setze die Satzzeichen.

Sätze mit „denn“ und „weil“

Lotta freut sich auf die Nacht.	Sie geht in den Zoo.
Der Zoo ist sehr berühmt.	Er bietet eine Attraktion.
Einige Tiere können nur nachts beobachtet werden.	Sie werden erst in der Dunkelheit munter.
Der Zoo gilt als grüne Oase.	Es gibt dort viele Bäume.

4. Bilde aus den Sätzen neue Sätze mit „denn“ und „weil“.
Schreibe so:
Lotta freut sich auf die Nacht, denn sie …
Lotta freut sich auf die Nacht, weil sie …

Präsens, Präteritum und Perfekt

Lotta ░░░ *(gehen)* zur Schule. Dort ░░░ *(treffen)* sie ihre Freunde. Die Kinder ░░░ *(spielen)* auf dem Schulhof bis es ░░░ *(klingeln)*.

1 Schreibe die Sätze in verschiedenen Zeitformen auf. Setze dabei die Verben zuerst ins Präsens, dann ins Präteritum und schließlich ins Perfekt.

Präsens	Präteritum	Perfekt
…	…	ich bin gestolpert
er hüpft	…	…
…	…	sie hat gerufen
…	wir schrieben	…
ihr rennt	…	…
…	sie lachten	…

2 Übertrage die Tabelle in dein Heft. Ergänze die fehlenden Zeitformen.

Mütterliche Fürsorge

Eine junge Amsel fällt aus dem Nest.
Marleen findet sie am nächsten Morgen.
Sie fasst den Vogel nicht an.
Leise schleicht sie hinter die Mauer
und beobachtet das Tierchen.
Nach einiger Zeit erscheint die Amselmutter.
Sie schaut sich nach allen Seiten um.
Sie sieht Marleen nicht.
Nun füttert die Amsel ihr Junges mit Würmern.
So rettet sie das Jungtier.

3 Erzähle die Geschichte im Perfekt nach.

4 Schreibe die Geschichte im Präteritum auf.
Eine junge Amsel fiel …

Wörter mit ck und tz

1 Kannst du die Rätsel lösen? Die Silben helfen dir.

Spaßhafte Bezeichnung für ein schmutziges Kind …
Diese Tierart hat ihr Haus immer dabei …
Hier werden Kuchen und Brote hergestellt …
Eine Ansammlung von Regenwasser auf dem Boden ist eine …

Wein- -rei -spatz Bä- -schne- Dreck- -cke- Pfüt- -berg- -ze -cke

2 Schreibe die Rätsel und das passende Lösungswort auf.

3 Schreibe den Text mit den passenden Wörtern auf.

Lotta *hockt/hackt* auf der Wiese am Schulhof.
Plötzlich *fliegt/flitzt* Maro an ihr vorbei.
Er *springt/singt* in eine Pfütze.
Der Dreck *spritzt/spitzt* auf Lottas Ranzen.
Sie *guckt/duckt* ihn sauer an.
Schnell wischt er den *Schutz/Schmutz* wieder ab.

4 Schreibe den Text im Präteritum auf:
Gestern hockte Lotta …

So ein Wetter

Jana sitzt am Fenster und guckt hinaus.
Ein Spatz hockt am Straßenrand.
Da flitzt ein Auto um die Ecke.
Plötzlich fährt es durch eine Pfütze.
Der Dreck spritzt nach allen Seiten.
Der kleine Vogel schüttelt den Schmutz
aus den Federn.

5 Übe den Text als Diktat.

guckt flitzt plötzlich Pfütze Dreck Schmutz

Hirsch Heinrich

S. 106/107

❶ Schreibe die jeweils zutreffenden Buchstaben auf, dann erhältst du ein Lösungswort.

	Ja	Nein
Er stand am Gatter und wartete auf den Tierpfleger.	T	M
Erst spät, am Vormittag, kam ein Junge.	I	O
Am 24. Dezember wartete Heinrich lange.	L	H
Ganz liebevoll fraß Heinrich die Mohrrübe.	R	P
Heinrich verabschiedete sich vom Pinguin.	O	R
Dann trabte er in die Winternacht.	Ü	K
Da sah er eine Kindergruppe aus dem Dorf spazieren.	B	H
Sie trugen mit sich ein Kiefernbäumchen.	P	E
Das war für die Tiere des Waldes der Weihnachtsbaum.	N	O

___ ___ ___ ___ ___ ___ ___ ___ ___ frisst Hirsch Heinrich sehr gern.

Kannst du mich fangen?

S. 108

„Möchtest du mich fangen?“, piepste ___ Maus Micki plötzlich vor der Nase der ___ Elvira.
„Jaa!“, ___ Elvira. Und stürzte sich auf die Maus Micki.
___ ___ ___ war schneller.
Sie ___ wie eine Rakete ___ ___ ___.
„Das werden wir sehen, miaauuu …“, miaute ___ und machte einen Riesensprung.
Sie verfehlte die Maus wieder und ___ ___ ___ ___.

❷ Schreibe die fehlenden Wörter hintereinander auf. Sie ergeben drei Lösungssätze.

St. Petersburg Schriftgiesserei

Von der Schrift zum Buch

Die Entstehung der ersten Schriften

Zu Beginn verständigten sich die Menschen nur mündlich. Dann malten Jäger Zeichen auf Höhlenwände. Bei Ausgrabungen fanden Archäologen 📖 Tontafeln mit Bildern und Zeichen. Diese entstanden vor etwa 5 000 Jahren. Sie wurden von Händlern beschrieben. Darauf notierten sie Art und Menge der getauschten Handelswaren. In die Tontafeln ritzten sie mit einem dreikantigen Griffel 📖 kleine Zeichen ein. Diese sahen wie Keile oder Nägel aus. Deshalb wurden sie Keilschrift genannt.

1. Erzähle, was du über die Entstehung der ersten Schriften erfährst.

2. Schreibe die Sätze vollständig auf.

▒▒▒ erzählten sich Geschichten.
▒▒▒ malten Zeichen auf Höhlenwände.
▒▒▒ ritzten Zeichen in Tontafeln.

Jäger Händler

Menschen

Auf die Frage **Wer?** oder **Was?** antwortet das Subjekt (der Satzgegenstand): Menschen erzählten sich Geschichten.
Wer erzählte sich Geschichten?
Menschen erzählten sich Geschichten.

3. Erfrage in Aufgabe 2 die Subjekte und unterstreiche sie.

4. Welches Verb passt? Schreibe die Sätze vollständig ab.

Die Forscher *finden/fragen* in den Höhlen alte Malereien.
Die Bilder *suchen/zeigen* verschiedene Tiere.
Die Forscher *entwickeln/entdecken* auch Jagdszenen.

AH S. 48

Auf die Frage **Was tut jemand?** oder **Was geschieht?** antwortet das **Prädikat** (die Satzaussage): Der Forscher untersucht die Zeichen.
Was tut der Forscher? Der Forscher **untersucht** die Zeichen.

5 Erfrage in Aufgabe 4 die Prädikate und unterstreiche sie.

6 Erfrage nun die Subjekte. Unterstreiche sie andersfarbig.

Subjekt und Prädikat bilden zusammen den **Satzkern** eines Satzes: **Jonas schreibt.**
Der Satzkern kann mit weiteren Satzgliedern ergänzt werden:
Jonas schreibt *einen Brief*.

Lara betrachtet im Museum eine alte Tontafel.

Sie liegt geschützt in einem Glaskasten.

Lara staunt über die kunstvollen Zeichen.

Sie liest die Übersetzung.

Im Glaskasten liegt auch ein Griffel.

7 Schreibe die Sätze ab.
Unterstreiche den Satzkern.

8 Welche Sätze gehören zusammen? Begründe.

Wer beschrieb die Tontafeln

Sie wird Keilschrift genannt

Wie wird die Schrift genannt

Die Händler beschrieben die Tontafeln

9 Schreibe die Sätze ab. Ergänze die richtigen Satzzeichen.

AH S. 49

Von der Tontafel zum Papier

Vor ungefähr 5000 Jahren ritzten die Menschen erste Zeichen in Stein- oder Tontafeln. Diese waren sehr schwer und brauchten viel Platz. **Später** erfanden die Ägypter Papyrus, einen Vorläufer des Papiers. Papyrus wurde aus einer Grasstaude hergestellt. Viel haltbarer war das Pergament. **Im Mittelalter** schrieben die Mönche schöne Handschriften auf Pergament. Das erste beschriftete Papier gibt es **seit etwa 2000 Jahren**. Es wurde in China erfunden. **Seit dieser Zeit** schreiben wir auf Papier. **Heute** gibt es viele verschiedene Papiersorten.

❶ Suche die Begriffe Papyrus und Pergament im Lexikon oder Internet. Vergleicht eure Notizen.

❷ Erfrage die markierten Satzglieder. Schreibe die Fragen und Antworten auf.

Auf die Frage **Wann?**, **Wie lange?** oder **Seit wann?** antwortet die **Bestimmung der Zeit**: Seit dieser Zeit schreiben wir auf Papier.
Seit wann schreiben wir auf Papier?
Seit dieser Zeit schreiben wir auf Papier.

früher | vor etwa 600 Jahren | viele Monate

Bücher waren ░░░ so teuer wie ein Haus.
Die Mönche brauchten ░░░ zum Abschreiben eines Buches.
Die ersten Bibliotheken entstanden bei uns ░░░.

❸ Setze die Bestimmungen der Zeit passend in die Sätze ein. Schreibe sie ab.

AH S. 50

Kostbare Handschriften

Vor vielen hundert Jahren konnten nur wenige Menschen lesen und schreiben. Deshalb übernahmen die Mönche in den Klöstern das Abschreiben der Bücher. Sie schmückten ihre Texte mit mehreren Zeichnungen. Für manche Verzierungen wählten sie sogar Blattgold. Die berühmtesten Handschriften werden in Museen und Bibliotheken ausgestellt. Dort bewahrt man sie vor Sonnenstrahlen geschützt in Vitrinen auf.

❶ Lies die Wörter, bei denen man ein h nach dem Vokal oder Umlaut schreibt. Was fällt dir auf?

> Wird in einem Wort ein Vokal oder Umlaut lang gesprochen, folgt oft ein Dehnungs-h.

❷ Schreibe alle Wörter mit Dehnungs-h aus dem Text heraus.

w__nen bel__nen erz__len str__len k__len f__ren z__len

❸ Setze ah , äh , oh oder üh richtig ein. Schreibe die Wörter auf. Unterstreiche den langen Vokal oder Umlaut mit Dehnungs-h.

> Mit der Endung **-ung** entsteht aus einem Verb ein Substantiv: ausstellen – die Ausstellung.

❹ Bilde aus den Verben Substantive. Schreibe so: *wohnen – die Wohnung, …*

❺ Finde im Text zwei Substantive mit -ung . Schreibe jeweils das Verb dazu auf.

⑥ Du kannst Wörter zur Wortfamilie strahlen finden.

S. 128/129

AH S. 51

Vom Baum zum Papier

Seit 1843 stellt man Papier aus Holz her.
In Deutschland verbraucht jeder Mensch
etwa 200 kg im Jahr.
Papier wird bedruckt, beschrieben
oder etwas darin verpackt.
Viele Bäume müssen dafür
in den Wäldern gefällt werden.
Früher kam benutztes Papier als Hausmüll
auf die Deponie.
Oft wurde es auch im Ofen verbrannt.
Heute sammeln wir Altpapier in der Papiertonne.
Es wird in die Papierfabriken gebracht
und wieder aufbereitet.
Damit schützt man die Umwelt.

1 Sprecht darüber, wie ihr Papier einsparen könnt.

Auf die Frage **Wo?**, **Woher?** oder **Wohin?** antwortet die **Bestimmung des Ortes**: Wir sammeln Altpapier in der Papiertonne.
Wo sammeln wir Altpapier?
Wir sammeln Altpapier **in der Papiertonne**.

2 Schreibe den Text oben ab.
Unterstreiche die Bestimmungen des Ortes.

Altpapier | im Klassenraum | sammeln | die Kinder

ein Papierkorb | neben der Tür | steht | deshalb

den Papierabfall | in die blaue Tonne | der Hausmeister | bringt

fährt | das Altpapier | ein Auto | in die Papierfabrik

3 Bilde Aussagesätze. Unterstreiche die Bestimmungen des Ortes.

AH S. 52

Papier selbst herstellen

Lotta hat im Museum gesehen, wie Papier geschöpft wird.
Jetzt sind ihre Notizen durcheinandergeraten.
Welche Stichpunkte passen zu welchem Bild?

Sieb auf ein altes Küchentuch stürzen

mit einem Sieb Papierbrei herausschöpfen

auf einer Leine zum Trocknen aufhängen

mit einem zweiten Tuch darüber Wasser ausdrücken

Altpapier in kleine Schnipsel reißen, in Wanne geben

heißes Wasser dazugeben und gut umrühren

❶ Ordne die Stichpunkte in der richtigen Reihenfolge.

❷ Schreibe die Anleitung in ganzen Sätzen auf.
Diese Satzanfänge können dir helfen:

Zuerst Dann Jetzt Nun Danach Anschließend Zuletzt

③ Ihr könnt auch selbst Papier herstellen.

S. 130/131

Bücher informieren und erzählen

Jeden Donnerstag ist unsere Schulbücherei geöffnet. Man findet dort Bilderbücher für Leseanfänger. Fortgeschrittene Leser können spannende Abenteuerbücher, Tiergeschichten und Märchenbücher ausleihen.
Wenn man Informationen für den Unterricht benötigt oder sich für bestimmte Themen interessiert, kann man sich auch Sachbücher und Lexika ausleihen.

Clara geht heute besonders gern in die Schule. Es ist nämlich Donnerstag und dann ist die Bücherei geöffnet. Clara ist eine richtige Leseratte und hat eine gemütliche Leseecke in ihrem Zimmer. Dort ist sie ungestört und kann sich in ihre Bücherwelt hineinträumen. Dann besteht sie mit ihren Helden viele Abenteuer. So war es auch gestern als der Cowboy plötzlich rief: „…“

❶ Schreibe auf, welche Bücher man ausleihen kann.

❷ Welcher Text erzählt eine Geschichte, welcher ist ein Sachtext? Begründe deine Aussage.

Das Buch will informieren. Man erfährt Einzelheiten zu einem Sachthema.
Der Text ist Teil einer Geschichte. Das Buch will unterhalten.
Es gibt keine wörtliche Rede. Der Text spricht auch über Gefühle.

❸ Ordne die Aussagen den beiden Textarten zu. Finde weitere Unterschiede.

S. 132/133

AH S. 53

Traumgeschichten

Indianer

Mutprobe

befreien

tapfer

Pferd

Reiterhof

weggelaufen

froh

❶ Suche dir ein Bild aus. Beschreibe, was du siehst.

Schreibtipps für Reizwort-Geschichten

1. Die Reizwörter sollen eine wichtige Rolle spielen.
2. Beginne mit einer kurzen Einleitung.
3. Binde alle Reizwörter in eine sinnvolle Geschichte ein.
4. Überlege dir ein Ende.
5. Denke dir eine passende Überschrift aus.

❷ Schreibe zu dem Bild eine kurze Geschichte.

AH S. 54

Sich in Büchern informieren

❶ Legt Sachbücher und verschiedene andere Kinderbücher in der Klasse aus.

❷ Findet Möglichkeiten, wie ihr euch über den Inhalt dieser Bücher informieren könnt. Sprecht darüber.

Das Inhaltsverzeichnis ist eine Übersicht.

Häufig werden Kapitelüberschriften genannt.

Es befindet sich im Buch.

Das Inhaltsverzeichnis ist eine Übersicht in Stichworten zum Inhalt des Buches.
Häufig werden Kapitelüber-überschriften mit Seitenzahlen genannt.
Es befindet sich entweder vorn oder hinten im Buch.

❸ Vergleicht die Texte. Was fällt euch auf?

Durch das **Ergänzen von Satzgliedern** kannst du etwas genauer erzählen oder beschreiben.

Der Klappentext steht … .
Das ist eine … Zusammenfassung … .

Ein Register befindet sich … .
In ihm sind die Stichwörter … geordnet.

auf dem Schutzumschlag | alphabetisch | des Buchinhaltes | kurze | in Sachbüchern

❹ Ergänze die Satzglieder. Schreibe die Sätze auf.

AH S. 55/56

Bücher selbst herstellen

Die Kinder der 3. Klasse beschließen, ein Buch mit Geschichten ihrer Großeltern zusammenzustellen. Das ist Noras Geschichte:

Mein Großvater war als Kind oft krank.
Deshalb hat er nur mit Mühe das Lesen gelernt.
Seine große Schwester las ihm manchmal etwas vor.
Schließlich wollte er die Abenteuer von Robinson Crusoe selbst lesen.
Heimlich nahm mein Großvater das Buch mit auf den Heuschober und las es Seite für Seite.
Dabei vergaß er sogar das Abendessen.

❶ Schreibe alle Wörter mit ß aus dem Text auf.
Unterstreiche den Vokal/Zwielaut vor dem ß .

Er fehlte häufig in der Schule .

Er nahm heimlich sein Lieblingsbuch mit .

Er las nach einiger Zeit immer schneller .

❷ Stelle die Satzglieder um. Schreibe die Sätze verändert auf.

Durch die **Umstellung von Satzgliedern** kannst du abwechslungsreicher erzählen.
So kannst du Satzanfänge unterschiedlich gestalten.

❸ Trenne die Satzglieder durch Striche.

❹ Vergleicht eure Texte.

⑤ Schreibt Geschichten eurer Eltern und Großeltern auf.
Ihr könnt ein Buch daraus anfertigen.

S. 134–137

AH S. 55/56

Im Druckereimuseum

Nachdem Johannes Gutenberg das Drucken mit beweglichen Lettern in Mainz erfunden hatte, entstanden ab 1473 viele kleine Druckerwerkstätten in Deutschland. Sie versorgten die Klöster und die Universitäten mit Büchern in lateinischer Sprache. Ohne diese Erfindung hätten viele Menschen nicht das Lesen und Schreiben lernen können.

Mehr als das Gold
hat das Blei
die Welt verändert,
und mehr als das Blei in der Flinte
das Blei im Setzkasten.

Georg Christoph Lichtenberg

Zu den ältesten und wichtigsten Druckereiorten Deutschlands gehört Erfurt. Die alten Druckmaschinen kann man heute im Druckereimuseum Benaryspeicher in Erfurt bestaunen. Sie wurden über viele Jahre in ganz Thüringen gesammelt und repariert. Diese Maschinen, die Namen tragen wie „Kniehebelhandpresse“ oder „Typograph“, zeigen den Besuchern, wie sich das Druckereihandwerk entwickelt hat. Nach dem Rundgang können die Besucher selbst drucken. Dabei erfahren sie, wie anstrengend es früher war, ein Schriftstück oder Buch herzustellen.

- Sprecht darüber, wie die Erfindung des Setzkastens die Welt verändern konnte.
- Wo befindet sich in eurer Nähe ein Druckereimuseum?

Besuch in einer Schuldruckerei S. 143

Saki aus der Janosch Grundschule erzählt, wie er in der Schuldruckerei arbeitet:

„Als Erstes nehme ich mir einen Setzkasten und setze die Buchstaben einzeln in den Setzrahmen auf ein Setzschiff. Dabei muss ich die Buchstaben spiegelverkehrt einsetzen. Außerdem achte ich darauf, von unten nach oben zu schreiben.

Die Wortlücken fülle ich mit Leerkästchen aus, um sie zu erhalten. Mit dem Spiegel kontrolliere ich, ob ich keine Buchstaben falsch gesetzt oder Zwischenräume vergessen habe. Dann schraube ich die Zeilen einzeln fest.

Nun befestige ich das Setzschiff auf der Rollpresse. So kann mir beim Drucken nichts verrutschen. Ich nehme nicht zu viel Farbe und walze sie über die Platte. Mit einem Lappen wird die überflüssige Farbe abgeputzt.

Jetzt endlich kann ich das Blatt auflegen. Mit beiden Händen fasse ich die Rollerpresse und rolle sie fest über das Blatt. Dann ziehe ich es vorsichtig hoch. Die Blätter hänge ich an einer Leine auf, damit die Farbe trocknen kann."

Die geheime Botschaft

Aufgeregt kommt Milena in die Küche. „Mutti, wo steht das Bügeleisen?“, ruft sie schon, bevor sie die Tür schließt. „Bügeleisen? Im weißen Schrank. Aber seit wann bügelst du deine Jeans selbst?“, fragt ihre Mutter erstaunt. Milena legt lachend ein Blatt Papier auf den Tisch.

„Timur hat mir eine geheime Botschaft geschrieben und die muss ich sofort lesen!“, erklärt sie mit wichtiger Miene.

„Also von geheim kann ja wohl keine Rede sein“, erwidert ihre Mutter.

Sie beugt sich über den Brief und liest laut:

Hallo Milena!!!
Wir treffen uns heute um 15 Uhr
am Spielplatz.
Dein Timur

„Ich kann alles lesen“, meint sie anschließend und spült weiter das Geschirr ab. In der Zwischenzeit hat Milena bereits das Bügeleisen angestellt und beginnt, vorsichtig den Brief zu bügeln. Dabei erklärt sie: „Du kannst nur lesen, was meine neugierigen Klassenkameraden auch lesen konnten. Die haben nämlich gemerkt, dass Timur und ich ihnen auf der Klassenfahrt einen Streich spielen wollen. Und nun belauschen sie uns überall, um mehr über unseren Plan herauszubekommen. Aber das wird ihnen nicht gelingen.“

Sie hält den Brief hoch und lächelt zufrieden.

„Habe ich es mir doch gedacht. Wenn im Text drei Ausrufezeichen stehen, hat Timur im Brief eine Botschaft versteckt.“
Nachdem sie ihrer Mutter das Versprechen abgenommen hat, niemandem etwas zu verraten, darf diese den Brief auch lesen:

Hallo Milena!!!
Wir treffen uns heute um ~~15 Uhr~~ 14 Uhr
~~am Spielplatz~~ an der Kastanie.
Dein Timur

Sonja Kargl

- Welchen Streich könnten die beiden wohl planen?

Rezept für Geheimtinten

Wenn du auch eine „unsichtbare“ Botschaft verschicken willst, benötigst du:
- Zitronensaft, Zwiebelsaft, Weinessig oder Apfelsaft,
- einen dünnen Pinsel,
- raues, weißes Papier.

Schreibe deinen Brief frühzeitig.
Es dauert ein wenig, bis die Flüssigkeit in das Papier eingezogen ist und damit unsichtbar wird.
Die Geheimtinten werden beim Bügeln braun und so lesbar. Verschicke nie ein leeres Blatt, sonst könnte man eine Geheimtinte vermuten, sondern schreibe einen ablenkenden Text. Verabrede ein Zeichen als Hinweis für eine verborgene Botschaft.

- Schreibe auch einen Geheimbrief.
- Worin unterscheiden sich beide Texte?

Tim und das Geheimnis von Knolle Murphy

S. 143

Tim und sein Bruder Marty sind dazu verdonnert, einen Teil der Sommerferien in der städtischen Bücherei zu verbringen. Ausgerechnet dort, wo die sehr strenge Bibliothekarin Knolle Murphy unbarmherzig herrscht.

... Wir stiegen die Betontreppe zur Bücherei hinauf. Ich beschloss, als Erster zu gehen, weil Marty es so wollte. Wahrscheinlich fragt ihr euch, wovor wir solche Angst hatten. Bestimmt meint ihr jetzt, dass wir feige Angsthasen waren, die lieber zu Hause bleiben und ihre Namen auf Taschentücher sticken sollten. Aber das kommt nur daher, weil ihr denkt, Büchereien sind fröhliche, interessante Orte, wo Bibliothekarinnen Kinder wirklich mögen. Und die meisten sind vielleicht auch so, aber die hier war anders. In dieser Bücherei lasen ernsthafte Männer ernsthafte Bücher und niemand durfte auch nur das leiseste Lächeln zeigen. Für ein Lächeln konnte man rausfliegen, für ein Kichern mit Knollen beschossen werden. Und wer laut lachte, wurde niemals wieder gesehen. ...
Wir hatten keine andere Wahl, wir mussten reingehen.

Es war genau, wie ich befürchtet hatte.
Drinnen gab es nichts als Bücher. Bücher, die bloß darauf warteten, dass sie von den Regalen hüpfen und mich zu Tode langweilen konnten. Mir war, als würden sie mich von ihren Regalen aus beobachten. Ich stellte mir vor, wie sie sich mit den Ellbogen anstießen. „Seht mal“, sagten sie. „Schon wieder zwei Kinder, denen es zu gut geht. Das werden wir ihnen bald austreiben.“ ...
... „Was wollt ihr?“, fragte eine Stimme vom anderen Ende der Bücherei. Schon die Stimme ließ mein Herz schneller schlagen. Sie klang, als würden zwei verrostete Eisenstücke aneinandergerieben.
Ich hielt die Luft an und blickte durch den riesigen Raum. Eine ältere Frau lehnte an einem klobigen Holzschreibtisch, ihre Fingerknöchel waren dicker als Eicheln. Sie hatte ihre grauen Haare straff nach hinten gebunden, dass ihr die Augenbrauen halb auf der Stirn hingen. Sie sah gleichzeitig überrascht und verärgert aus.
Das war zweifellos Knolle Murphy. ...

Eines Tages passierte etwas Seltsames. Tim tat so, als würde er in einem Buch lesen. Plötzlich weckten die ersten Sätze seine Aufmerksamkeit.

... Da konnte ich nicht mehr aufhören. Zwei Riesen, die gegeneinander kämpften! Vielleicht sollte ich nur herausfinden, wie es ausging. Also las ich immer weiter. Und im nächsten Moment war ich in die Geschichte von Finn McCool und Angus MacTavish vertieft.

Ich las von Abenteuern und Magie, von Schlachten und schlauen Plänen. Berge explodierten und Zauberer erschlugen Kobolde. Verzauberte Ziegen redeten und Prinzessinnen verwandelten sich in Schwäne. Es war eine andere Welt. ...

Eoin Colfer (Auszug)

- Wie beschreibt Tim die Städtische Bibliothek?
- Erzählt von dem ersten Besuch in eurer Bibliothek.
- Stellt eure Lieblingsbücher vor.

Eoin Colfer wurde im Südosten von Irland geboren und schrieb schon als Kind lustige Geschichten.
Heute lebt er mit seiner Frau und seinem Sohn in Wexford, Irland.
Bekannt wurde er mit der Buchreihe um „Artemis Fowl“.

AH S. 57

Wie ein Buch entsteht

Ich bin Buchverkäuferin. Wenn ich ein neues Buch zum ersten Mal in der Hand halte, muss ich oft an die vielen Menschen denken, die daran gearbeitet haben. Ich möchte sie euch vorstellen:

Ich bin Schriftstellerin und habe die Idee, ein Buch mit Tiergeschichten für Grundschulkinder zu schreiben. Häufig muss ich lange überlegen. Mir ist es sehr wichtig, dass den Kindern meine Geschichten gefallen. Zuerst muss ich sie aber dem Lektor und dem Verleger vorlegen.

Ich bin Lektorin. Ich lese alle Texte, die an den Verlag geschickt werden. Ich berate sowohl die Schriftstellerin als auch den Verleger.
Dieses Manuskript gefällt mir. Ich habe auch schon eine Idee, wie die Bilder aussehen könnten.

Ich bin Verleger. In meiner Firma werden Bücher hergestellt. Meine Mitarbeiterin, die Lektorin, hat mir empfohlen, die Tiergeschichten in großer Auflage zu veröffentlichen. Ich schließe mit der Schriftstellerin einen Vertrag. Darin steht, wann das Buch erscheint und wie viel Geld sie dafür bekommt.

AH S. 58

Wir sind Herstellerin und Layouterin. Gemeinsam überlegen wir, wie der Text und die Bilder auf den einzelnen Seiten angeordnet werden. Die Herstellerin entscheidet, welches Papier genommen wird, und gibt den Auftrag an die Druckerei weiter. Ebenso kalkuliert sie die Kosten.

Ich bin Illustrator. Ich habe die Tiergeschichten gelesen. Sie gefallen mir gut. Der Verleger hat einen Vertrag mit mir geschlossen. Darin steht zum Beispiel, dass ich zu jedem Kapitel ein passendes Bild malen soll und wie viel Honorar ich dafür bekomme.

Ich bin Drucker und sorge dafür, dass der Text vervielfältigt wird. In unserer Druckerei stehen Druckmaschinen für große Papierbögen. Sie können immer 16 Buchseiten auf einmal drucken. Diese müssen noch gefalzt und beschnitten werden.

Ich bin Buchbinder. Ich achte darauf, dass die Seiten eines Buches zusammengeheftet und in den passenden Einband geklebt werden. Schließlich werden die Bücher in großen Kisten in ein Auslieferungslager und von dort in die Buchläden gebracht. Da kannst du das Buch kaufen.

- Beschreibe die einzelnen Schritte der Buchherstellung mit eigenen Worten.

Interview mit der Illustratorin Anke Kuhl

Was haben Sie als Kind gern gelesen?
Mich haben zuerst und vor allem die Bilder angesprochen. So waren natürlich Bilderbücher sehr wichtig für mich. Als ich dann älter wurde, schaute ich mir am liebsten einen Bildwörterduden, alte bebilderte Lexika und Bildbände mit Abbildungen von Gemälden an.

Woher kommen die Ideen zu Ihren Bilderbüchern?
Das ist bei jedem Buch anders. Oft überlege ich, was mich als Kind interessiert und angesprochen hat. Zusätzlich erhalte ich auch Anregungen durch mein eigenes Kind.

Haben Sie zuerst die Bilder oder die Geschichte im Kopf?
Manchmal arbeite ich mit einem fremden Text. Da zeichne ich natürlich nur die Bilder – bin also die Illustratorin. Ansonsten habe ich zuerst die Idee zu einer Geschichte, schreibe dann den Text und zeichne anschließend die Bilder.

Welche Aufgabe haben Sie als Illustratorin?
Ich entwerfe und zeichne Bilder, die in gedruckten Medien wie Zeitungen und Büchern zu finden sind. Ich zeichne meistens Illustrationen zu Kinderbüchern. Mit meinen Bildern möchte ich nicht nur den Inhalt der Texte begleiten. Mein Wunsch ist es, den Kindern zu zeigen, wie ich Dinge und Zusammenhänge verstehe, wie ich die Umwelt, Menschen und Tiere wahrnehme.

Haben Sie Angst, dass Ihnen einmal keine Geschichte mehr einfällt?
Manchmal, besonders wenn ich gerade ein Buch fertig habe. Dann lenke ich mich ab, gehe spazieren oder beschäftige mich mit Dingen, die gar nichts mit dem Schreiben und Zeichnen zu tun haben. So kommen auch wieder viele neue Ideen.

Wie entsteht ein Bild für ein Bilderbuch?

Zuerst einmal mache ich verschiedene Skizzen zu dem gewählten Thema mit Bleistift. Als Anregungen benutze ich auch Fotos aus dem Internet und Bilder aus anderen Büchern.

Dann entwerfe ich mit Bleistift das gesamte Bild in Originalgröße. Der nächste Schritt ist das Durchpausen am Leuchttisch. Das ist ein Tisch mit einer Milchglasscheibe, die so beleuchtet wird, dass man das Bild von oben her durchsehen kann.

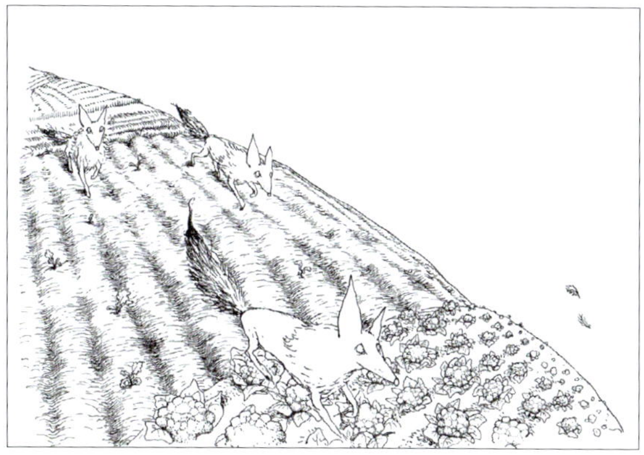

Erst dann arbeite ich mit Feder und Tusche. Das Bild wird nun eingescannt und eingefärbt. Mit dem Computer kann man die Farben so lange ausprobieren, bis man genau den Farbton getroffen hat, den man sich wünscht.

Nun schicke ich die CD-Rom an den Verlag. Der gibt die Bilder zusammen mit dem Text in die Druckerei.

Adjektive

Auf einem *eckigen/runden* Tisch
liegt ein *dünnes/dickes* Buch
mit *traurigen/lustigen* Geschichten,
die *schwer/leicht* zu lesen sind.

❶ Vergleiche den Text mit dem Bild.
Wähle die passenden Adjektive aus.

❷ Schreibe den Satz ab.

Wörter mit -ig/-lich

freund ärger fleiß sonn schäd

wolk sport nebel pünkt lust

❸ Bilde Adjektive mit -ig oder -lich. Schreibe sie untereinander auf.

❹ Markiere -ig oder -lich farbig.

❺ Bilde daneben jeweils Wortgruppen: *der freundliche Hund, …*

Vergleichsstufen

schnell laut teuer groß

❻ Suche dir ein Adjektiv aus.
Bilde jeweils drei vergleichende Sätze:
Das Rennrad ist schnell. Das Auto …

❼ Verfahre so mit allen Adjektiven.

äu oder eu?

T░░fel	H░░ser	Z░░ne
t░░er	B░░me	sch░░men
Fr░░nde	M░░se	R░░ber

❶ Entscheide, ob das Wort mit äu oder eu geschrieben wird. Schreibe es auf.

Satzarten

Wann entstanden die ersten Tontafeln?

In den Bibliotheken gibt es viele Bücher.

Warum sind alte Handschriften kostbar?

Es wird aus Holz hergestellt.

Wer schrieb früher Bücher ab?

Vor etwa 5000 Jahren wurden sie hergestellt.

Woraus wird Papier hergestellt?

Sie wurden mit Blattgold verziert.

Wo kann man Bücher ausleihen?

Mönche in den Klöstern schrieben sie ab.

❷ Schreibe die Frage und die passende Antwort ab.

❸ Unterstreiche den Fragesatz und den Aussagesatz mit unterschiedlichen Farben.

④ Du kannst weitere Fragen und Antworten zu Büchern finden.

Subjekt und Prädikat

Lena besucht heute zum ersten Mal
eine Bibliothek.
Ihre Freundin Lotta begleitet sie.
Zuerst bekommen die Kinder einen Ausweis.
Die Bibliothekarin erklärt ihnen alles.
Nun stöbern sie allein in den Regalen.
Die Kinder suchen sich einen ruhigen Platz
zum Lesen.
Mit einem großen Bücherstapel
gehen sie nach Hause.

1. Schreibe den Text ab.
2. Trenne die Satzglieder durch Striche voneinander.
3. Unterstreiche in allen Sätzen Subjekt und Prädikat.
4. Schreibe den Satzkern aus jedem Satz heraus.

Lena | liest | zu Hause | mit ihrer Freundin | Geschichten über Pferde

5. Stelle die Satzglieder um. Schreibe alle Sätze auf, die möglich sind.

Substantive mit -ung

entdecken | zeichnen | spannen | wohnen

6. Bilde aus den Wörtern Substantive mit -ung.

In einer Höhle machten Forscher eine große ▒▒▒.
Vor langer Zeit haben Menschen sie als ▒▒▒ genutzt.
An den Wänden fanden sie eine ▒▒▒ mit Jagdszenen.
Mit großer ▒▒▒ entschlüsselten sie die Bilderschriften.

7. Schreibe die Sätze ab. Setze die passenden Substantive von Aufgabe 6 ein.

Bestimmung der Zeit

Wann beginnen die nächsten Ferien?
Wann liest du am liebsten?
Wann warst du zuletzt in der Bibliothek?
Wann hast du dein letztes Buch gelesen?
Seit wann hast du einen Bibliotheksausweis?
Wie lange kann man Spiele aus der Bibliothek ausleihen?

1. Schreibe Antworten auf die Fragen in ganzen Sätzen auf.
2. Unterstreiche die Bestimmung der Zeit.

Bestimmung des Ortes

Wo wurde das erste Papier erfunden?
Wo werden kostbare Handschriften ausgestellt?
Wo sammeln wir Altpapier?
Wohin wird das Altpapier gebracht?
Wo kann man Bücher, Videos und CDs ausleihen?

3. Schreibe Antworten auf die Fragen in ganzen Sätzen auf.
4. Unterstreiche die Bestimmungen des Ortes.

Satzglieder

die Klasse 3a | am Freitag | übernachtet | in der Schulbibliothek
lesen | viele Stunden | die Kinder | in ihren Lieblingsbüchern
um Mitternacht | überall | die Lehrerin | löscht | das Licht

5. Bilde Sätze. Schreibe sie auf.
6. Unterstreiche das Subjekt und das Prädikat unterschiedlich.
7. Unterstreiche die Bestimmung des Ortes in einer anderen Farbe.
8. Unterstreiche die Bestimmung der Zeit in einer anderen Farbe.

Dehnungs-h

Fahrer wahr wohnen Wahrheit

unwahr abzählen bewohnbar abfahren

Fahrzeug Zahl Zähler Wohnung

1. Schreibe die verwandten Wörter nebeneinander auf.
2. Unterstreiche jeweils den langen Vokal oder Umlaut und das Dehnungs-h.
3. Bilde mit jedem Wort mit Dehnungs-h einen Satz. Schreibe ihn auf.

Lesezeit

Felix stöhnt. In der Wohnung ist es sehr heiß.
Deshalb fährt er in die Bibliothek.
Dort ist es schön kühl.
Felix wählt ein Indianerbuch.
Er freut sich über seine Auswahl.
Immer mehr Kinder kommen in die Leseecke.
Felix schaut auf seine Uhr.
Schon so spät!

4. Schreibe alle Wörter mit Dehnungs-h untereinander heraus.
5. Zu welchen Wörtern findest du weitere Wörter der Wortfamilien? Schreibe sie daneben.

stöhnen kühl fahren fühlen Auswahl wohnen mehr Uhr

6. Bilde mit diesen Wörtern Sätze. Unterstreiche den langen Vokal oder Umlaut und das Dehnungs-h.
7. Übe den Text als Diktat.

Auswahl fahren stöhnen Wohnung kühl mehr Uhr

Besuch in einer Schuldruckerei

S. 129

... setze die Buchstaben ... Zeile

... von unten nach oben ... Zeile

... schraube ich die Zeilen ... Zeile

... walze sie über die Platte ... Zeile

... rolle sie fest ... Zeile

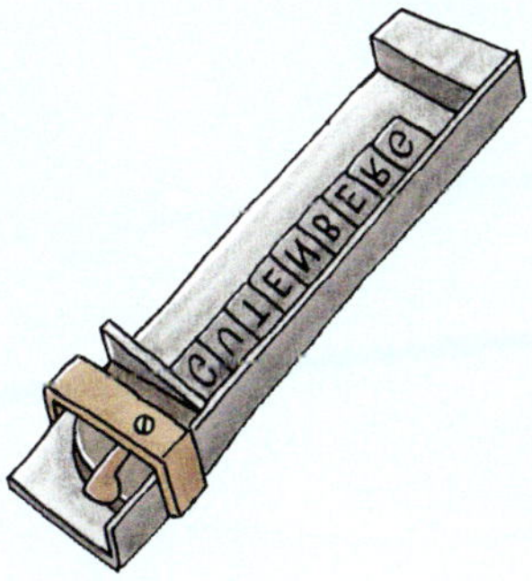

1. Suche die Textstellen und schreibe die Zeilennummern untereinander in dein Heft. Addiere sie.
Bei richtiger Lösung erhältst du die Zahl 70.

Tim und das Geheimnis von Knolle Murphy

S. 132/133

Tim und Marty stiegen eine Betontreppe zur Bibliothek hinauf. K
Tim und Marty stiegen eine Holztreppe zur Bibliothek hinaus. S

Niemand durfte dort auch nur leise lächeln. N
Niemand durfte dort auch nur laut reden. E

Drinnen gab es nichts als Regale. H
Drinnen gab es nichts als Bücher. O

Eine Stimme klang wie verrostete Eisenstücke. L
Eine Stimme klang wie knarrendes Holz. G

Knolle Murphy hatte ihre braunen Haare straff gebunden. A
Knolle Murphy hatte ihre grauen Haare straff gebunden. L

Tim konnte nicht mehr aufhören zu lesen. E
Tim konnte nicht mehr aufhören zu lachen. N

2. Schreibe die jeweils zutreffenden Buchstaben auf.
Du erhältst ein Lösungswort.

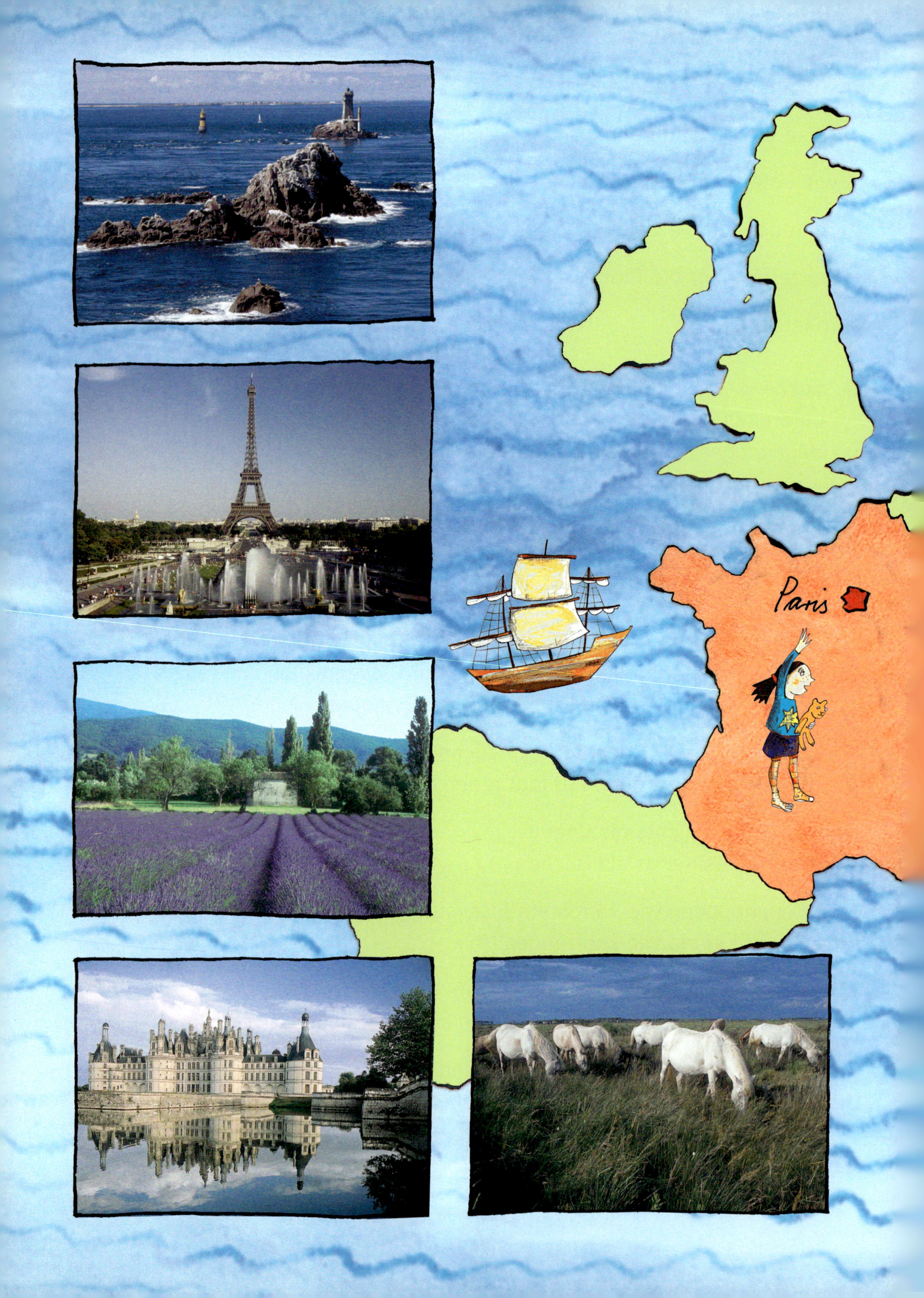
Paris

Reise nach Frankreich

Der Brief

Pauls ältere Schwester Lena ist für sechs Monate in Frankreich.
Sie schreibt:

Paris, den 4. April

Lieber Paul,
jetzt bin ich schon seit vier Wochen in Paris. Vieles ist anders als zu Hause.
Man sagt „Bonjour" für „Guten Tag" und „Bonsoir" für „Guten Abend" –
es sprechen eben alle französisch.
Auch die Schule ist anders. Wir sind von 8.30 Uhr bis 17.00 Uhr in der Schule.
Eine Unterrichtsstunde dauert hier 55 Minuten.
Um 12.45 Uhr essen fast alle Kinder in der Schule zu Mittag.
Danach stellen sich die Klassen im Hof auf und warten, bis die Lehrer sie abholen.
Zum Glück haben wir mittwochs und samstags keine Schule,
sodass wir auch Zeit für unsere Hobbys haben.
Schreib doch bald mal.
Viele Grüße, Lena

❶ Schreibe auf, was du in dem Brief über die Schule in Frankreich erfährst.

❷ Vergleiche die Grußformeln in Deutschland und Frankreich.

❸ Welche Grußformeln aus anderen Ländern kennst du noch?

④ Ihr könnt ein Plakat mit Grüßen aus aller Welt gestalten.

AH S. 59

Zu Besuch

Paul besucht Lena in den Ferien. Er schreibt einen Brief an Maro:

Maro, wir haben viele Ausflüge gemacht. An einem Tag sind wir ins Museum gegangen und haben uns Bilder von bekannten Malern angesehen. Danach haben wir uns ein langes Weißbrot und Wasser gekauft und ein Picknick an der Seine gemacht. Dabei haben wir den Künstlern zugesehen, die dort ihre Bilder gemalt haben. Wir sind sogar einmal auf dem Eiffelturm gewesen. An einem anderen Tag haben wir ein Schloss an der Loire besichtigt. Paul

1. Welchen Ausflug von Paul hättest du gerne mitgemacht? Begründe deine Antwort.

2. In Pauls Brief fehlen einige Dinge. Vergleiche mit Lenas Brief.

Schreibtipps für Briefe

1. Schreibe oben rechts den Ort und das Datum.
2. Beginne links mit einer Anrede wie „Liebe …“ oder „Lieber …“ oder „Sehr geehrte …“ oder „Sehr geehrter …“.
3. Schließe mit einer Grußformel wie „Viele Grüße“ oder „Mit freundlichem Gruß“.

3. Paul hat die Zeitform Perfekt benutzt. Ist das richtig?

4. Schreibe nun den Brief vollständig und im Präteritum auf.

S. 156/157

AH S. 60

An der Seine

Am Ufer des Flusses werben viele Plakate für Bootsfahrten:

❶ Mit welchem Boot würdest du fahren? Begründe deine Meinung.

❷ Suche die Adjektive aus den Plakaten heraus.
In welcher Vergleichsstufe werden sie benutzt?

❸ Trage in einer Tabelle die Adjektive in der Meiststufe ein.
Ergänze jeweils die Grundstufe und die Mehrstufe.

Grundstufe	Mehrstufe	Meiststufe
...	...	am größten

④ Du kannst ein Werbeplakat für etwas entwerfen,
was du gerne verkaufen möchtest.
Sammle zuerst passende Adjektive.

AH S. 61

Am Kunstbrunnen

Am Montag besuchen Paul und Lena das Centre Pompidou, das berühmte Museum für moderne Kunst. Paul muss lachen, weil es so lustig aussieht. Überall sind bunte Röhren und eine lange Rolltreppe zieht sich wie eine große Raupe am Gebäude entlang.
Am besten gefällt Paul der Brunnen vor dem Museum. Dort stellten die Künstler Niki de Saint-Phalle und Jean Tinguely riesige Figuren auf. Diese Figuren sind ganz bunt, bewegen sich und spucken auch Wasser. Das macht richtig Lärm.

❶ Beschreibe, was du auf den Fotos siehst.

❷ Schreibe einen Brief, in dem Paul seiner Lehrerin Frau Berger von diesem Tag erzählt.

③ Du kannst ähnliche Figuren für den Brunnen entwerfen.

④ Ihr könnt damit eine Ausstellung machen.

S. 158/159

AH S. 62

In einem Schloss

Die Loire ist ein bekannter Fluss in Frankreich. An ihrem Ufer liegen viele alte Schlösser. An einem heißen Tag besichtigen Paul und Lena ein Schloss. Eine lange Straße führt dorthin. Lena und Paul schwitzen. Als sie dort ankommen, halten sie erst einmal ihre Füße ins Wasser. Danach gehen sie in einen großen Saal. Auf den Stühlen liegen rote Kissen. Ein Bild zeigt einen Mann mit einer weißen Halskrause, der in einem Sessel sitzt. In der rußigen Schlossküche sagt Paul: „Küchen machen mich immer ein bisschen hungrig.“ „Dann lass uns draußen etwas essen“, schlägt Lena vor.

1. Warst du schon einmal in einem Schloss? Erzähle.
2. Im Text findest du Wörter mit ss und ß. Trage sie in eine Tabelle ein.
3. Markiere den Vokal vor dem s-Laut. Was stellst du fest?

> Wenn du einen s-Laut nach einem **kurz** gesprochenen Vokal oder Umlaut hörst, steht **ss**: e**ss**en, Kü**ss**e.
> Nach einem **lang** gesprochenen Vokal, Umlaut oder Zwielaut steht meist **ß**: Stra**ß**e, sü**ß**, hei**ß**.

grü … en　Flu …　e … en　Flo …　na …

4. Schreibe die Wörter ab. Setze ss oder ß ein. Markiere den lang oder kurz gesprochenen Vokal oder Umlaut.

AH S. 63

Auf dem Eiffelturm

Am letzten Tag fahren Paul und Lena zum Wahrzeichen von Paris, dem Eiffelturm. Er wurde 1889 von Alexandre Gustave Eiffel zur Weltausstellung erbaut. Der Turm aus Eisen ist mit Antenne 324 m hoch und besteht aus über 12 000 Einzelteilen. An den Fahrstühlen sind schon lange Warteschlangen. Lena erklärt: „Wir sind zwei von über fünf Millionen Touristen jährlich!“ „Wir könnten doch auch die 1652 Stufen gehen“, schlägt Paul vor. Auf der Plattform in 274 m Höhe ist es ziemlich windig. Lena sagt: „Ich glaube, der Turm schwankt!“ Sie ist ziemlich blass. „Das stand doch auch im Prospekt“, meint Paul. „Bei starkem Wind bewegt er sich um 6 bis 7 cm.“ Unten am Boden geht es Lena gleich wieder viel besser.

1. Was erfährst du über den Eiffelturm? Schreibe Stichwörter auf.

2. Informiere dich über einen Ort oder eine Sehenswürdigkeit in deiner Umgebung. Notiere dir dazu Stichwörter.

3. Beschreibe den Ort oder die Sehenswürdigkeit dann in Sätzen deinen Mitschülern.

S. 160/161

Tour de France

Jährlich findet in Frankreich ein großes Radrennen statt, die Tour de France.
Dabei legen die Radfahrer zwanzig lange Etappen durch das ganze Land zurück. Das ist sehr anstrengend. Sie müssen dabei oft hohe und steile Berge überwinden. Helfer reichen ihnen Becher, damit sie trinken können ohne anzuhalten. An den Straßen, auf Stühlen und Bänken stehen Menschen eng gedrängt und winken ihnen zu. Der Gesamtführende bekommt das gelbe Trikot. Manchmal schenken Kinder ihm Blumen.

1. Was erfährst du über die Tour de France? Erzähle.
2. Sammelt Informationen über die verschiedenen Trikotfarben und deren Bedeutung bei der Tour de France.
3. Im Text findest du Wörter mit ng und nk. Sprich sie deutlich aus. Was stellst du fest?
4. Schreibe diese Wörter aus dem Text heraus.

Ri▒ si▒en le▒en

dri▒end kra▒ E▒el

5. Setze ng oder nk ein. Schreibe die Wörter auf.

S. 162/163

Pro und kontra Tour de France

❶ Stelle die Meinungen der Kinder gegenüber.
Wer ist für die Tour de France (pro)?
Wer ist dagegen (kontra)?

❷ Manche Meinungen sind nicht ganz eindeutig.
Sind diese Kinder eher pro oder kontra Tour de France?
Begründe deine Meinung.

❸ Findet ein eigenes Streitthema und sammelt Argumente dafür und dagegen.

④ Ihr könnt dazu Kinder befragen.
Notiert euch ihre Argumente.

AH S. 66

Französische Wörter

In der deutschen Sprache gibt es einige Wörter, die ursprünglich aus dem Französischen stammen. An vielen Königshöfen galt man früher als gebildet, wenn man sich auf Französisch unterhalten konnte. Viele Wörter übernahmen die Deutschen auch von französischen Soldaten. So schlichen sich diese Wörter in die deutsche Sprache ein.

Heute benutzen wir diese Wörter oft ganz selbstverständlich in unserem Alltag.

Trikot	Bonbon	Etappe	Chaussee	Ballett
Friseur	Trottoir	Kostüm	engagieren	Crêpes

❶ Lies die Wörter. Was fällt dir auf?

❷ Schreibe die Wörter ab.
Erkläre die Bedeutung dieser Wörter und ergänze sie.
Schreibe so: *Ein Trikot ist …*

❸ Kennst du noch weitere Wörter, die aus dem Französischen stammen? Erkundige dich.

④ Ihr könnt mit euren gefundenen Wörtern ein Plakat gestalten.

❺ Suche Wörter, die aus anderen Sprachen stammen. Erkläre ihre Bedeutung.

AH S. 67

Crêpes

Zum Schluss kannst du den fertigen Crêpe mit Zucker bestreuen. Auch Marmelade schmeckt gut dazu.

Du brauchst: 250 ml Milch, 8 Esslöffel Mineralwasser, 2 Eier, 120 g Mehl und 1 Teelöffel Zucker sowie eine große Pfanne.

Danach verteilst du etwas Teig in einer heißen und gefetteten Pfanne. Brate den Crêpe auf beiden Seiten goldgelb an.

Zuerst verrührst du die Zutaten in einer Schüssel zu einem glatten Teig. Anschließend muss der Teig etwa zehn Minuten ruhen.

1. Ordne jedem Bild den richtigen Text zu.
   Schreibe das Rezept in der richtigen Reihenfolge auf.
2. Überlegt euch noch weitere Füllungen für die Crêpes und gestaltet ein Rezeptbuch.
3. Kennst du noch andere französische Rezepte?
   Erkundige dich.

AH S. 67

Ein französischer Maler

S. 169

Claude Monet wurde 1840 in Paris geboren. Mit seiner Familie zog er in das kleine Dorf Giverny bei Paris. Monet liebte blühende Gärten, Parks und Wasser. Deshalb legte er in seinem Garten einen Seerosenteich an. Diese Blumen malte Monet immer wieder zu verschiedenen Tages- und Jahreszeiten. So entstanden Bilder voller zauberhafter Farbspiele und Lichteinfälle.
Claude Monet war ein Impressionist.
Die Impressionisten malten gern im Freien. Beim Malen kam es ihnen darauf an, das Licht und die Farben einzufangen sowie ihre Gefühle auszudrücken.

Claude Monet
Der Seerosenteich, 1899

- Was empfindest du, wenn du das Bild betrachtest?
- Du kannst deine Gefühle auch aufschreiben.

Eine französische Wissenschaftlerin

Als Marie Curie 1867 geboren wurde, durften die meisten Frauen noch nicht studieren. Doch sie setzte sich durch und wurde eine der bekanntesten Wissenschaftlerinnen. In Paris forschte sie mit radioaktivem, also höchst gefährlichem Material.
Marie Curie erhielt als erste Frau den Nobelpreis, die bedeutendste Auszeichnung für Wissenschaftler. Sie war auch die erste Frau, die an einer Universität in Frankreich Studenten unterrichtete. Zusammen mit ihrer Tochter Irène entwickelte Marie Curie die erste fahrbare Röntgenstation, die die Arbeit der Ärzte sehr erleichterte. 1934 starb sie in Frankreich.

Ein französischer Autor

René Goscinny wurde 1926 in Paris geboren und arbeitete in unterschiedlichen Berufen, bevor er Comicautor wurde. Ab 1955 schrieb er die Texte für den Comic „Lucky Luke". Zusammen mit dem Zeichner Albert Uderzo erfand er unter anderem die Figuren der unbeugsamen Gallier Asterix und Obelix. René Goscinny schuf auch viele Zeichentrickfilme, darunter auch „Asterix erobert Rom" und „Lucky Luke: Sein größter Trick". Als Autor wurde er mit den Geschichten über den kleinen Nick berühmt, die heute zu den bekanntesten Kinderbüchern in vielen Ländern gehören. Im Alter von 51 Jahren starb René Goscinny 1977 in Paris.

Millie macht Kunst

S. 169

Millie besucht mit ihrer Familie Paris. Sie ist begeistert von der Stadt, erlebt aber manches anders als ihre Eltern. Auch mit der französischen Sprache und den fremden Namen hat Millie so einige Schwierigkeiten:

„Paris ist die Stadt der Kunst“, sagt Papa. „Wenn ich mir vorstelle, was wir alles nicht gesehen haben. Die schöne Mona Lisa und das Centre Pompidou.“ Millie würde gern die schöne Mona Lisa angucken.
„Ach“, sagt Mama. „Die Mona Lisa ist doch auf jeder Postkarte zu sehen.“
Das ist gelogen. Auf jeder Postkarte ist Paris zu sehen. „Ich habe wirklich keine Lust, durch ein Museum zu laufen, nur um ein altes Bild anzugucken“, sagt Mama.
So fahren sie zum Pompididu. „Da ist neue Kunst zu sehen“, sagt Mama. „Farbe und Formen und Bewegung. Das müssen wir uns anschauen.“
„Farbe ist keine Kunst“, sagt Millie. „Kunst ist Auf-den-Händen-Laufen, Auf-dem-Seil-Tanzen und Mit-den-Ohren-Wackeln. Das kann Gus, der wackelt mit den Ohren, wenn er will. Das ist Kunst.“
Was für ein Glück sie haben! Das Pompididu ist heute geschlossen, weil Dienstag ist. Man kann nicht rein. Aber draußen, auf dem Platz vor dem Pompididu, machen sie Kunst, richtige Kunst.
Und was es da alles gibt! Ein Mann schluckt ein Schwert und spuckt Feuer, und die Flamme, die aus seinem Mund kommt, reicht bis an den Himmel. Millie kann nur staunen.
Zwei Mädchen tanzen auf dem Seil und sie tragen schöne Flitterflatterkleider. Hat Millie doch gesagt, dass das Kunst ist.

... Hier ist es schön. Das Pompididu hinter dem Platz sieht sowieso hässlich aus. Draußen an den Wänden sind lauter Röhren wie drinnen im Klo von Frau Morgenroth. Frau Morgenroth wohnt zu Hause und passt manchmal auf Millie auf, wenn Mama zum Zahnarzt muss oder mit der Schwester zum Impfen.

... Drüben am Brunnen steht ein Leierkastenmann. Der alte Mann dreht an seiner Orgel, auf der ein kleines Äffchen sitzt. Der Mann singt zu den Tönen seiner Drehorgel. Blablablabla. Na, ist das denn auch Kunst?

„Sing doch mit, Millie“, sagt Mama. Aber das ist doch Französisch!

„Du kannst doch ein paar französische Lieder“, sagt Mama.

„Sing mit! Sur le pont d´Avignon ...“ Ach, das!

„Süllepong dawinjong“ singt Millie. Sie kann Französisch! Hat sie gar nicht gewusst. Und sie kann noch ein anderes Lied. „Friere Jacke, friere Jacke“, brüllt Millie. Sie steht zwischen all diesen Leuten, die Kunst machen. Und sie macht mit. Die Leute gucken vielleicht! „Sonne Nähmaschine“, singt Millie und hört nicht auf, „alte Waschmaschine.“ Kunst macht Spaß.

Dagmar Chidolue

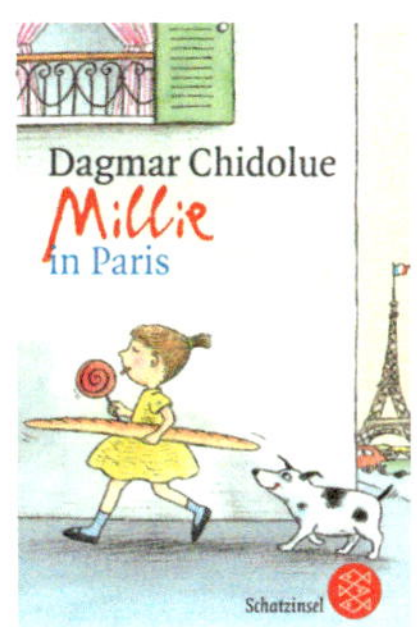

- Was ist für dich Kunst?
- Was fällt dir an Millies Sprache auf?
- Kennst du die Lieder, die Millie singt?

Briefe von Felix S. 169

Ein Brief aus Paris ist angekommen:

Sophie steckt den Briefumschlag in ihre Hosentasche,
klettert auf den alten Apfelbaum im Garten
und beginnt zu lesen.

IN PARIS, IM SEPTEMBER

CHÈRE SOPHIE,
DAS IST FRANZÖSISCH UND ISCH LIEBE FRANKREISCH! ISCH
HABE JETZT EINEN KOFFER→ , ER IST TRÈS CHIC, SO
SAGT MAN HIER. ISCH SEHE MIR NOCH EIN WENIG DIE
WELT AN. PARIS IST AUCH NICHT SCHLECHT! ISCH WOHNE
IM HOTEL RITZ, DAS IST SEHR ELEGANT. ABER IRGENDWIE
SCHEINEN MICH DIE MENSCHEN IM HOTEL UND AUF DEN
STRAßEN GAR NICHT ZU BEMERKEN. KOMISCH, NICHT? MIR EGAL,
HIER GIBT ES DEN «TOUR D'EIFFEL», DAS IST DER HÖCHSTE
TURM, DEN ICH JE GEÖÖSEHEN HABE. ZUM GLÜCK GIBT
ES EINEN AUFZUG NACH OBEN. DIE AUSSICHT IST KLASSE,
ALLES SIEHT SO KLEIN WIE STREICHHOLZSCHACHTELN AUS –
NUR HALT MIT
DÄCHERN UND
SCHORNSTEINEN.

STELL DIR VOR: DIE LEUTE TRAGEN IHR BROT UNTERM ARM,
UND EIN BROT IST SO LANG WIE EIN BESENSTIEL. GESTERN
HABE ICH MÄNNER GESEHEN, DIE IM PARK MIT KUGELN SPIELEN.
(RICHTIG GROßE MÄNNER - WIE DEIN PAPA!)

GLAUBST DU MIR, DASS ES HIER SOWAS WIRKLICH GIBT?
APROPOS, WIE LÄUFT ES ZUHAUSE?

GRUß UND KUSS
VON FELIX

AH S. 68

Hhm, denkt Sophie, wieso ist in Paris alles anders? Plötzlich fällt ihr ein, dass Oma an diesem Nachmittag zu Besuch kommt. Die weiß bestimmt mehr, weil sie schon ganz oft in Frankreich war. „O là là, der Hase ist in Paris“, ruft ihre Oma. Dann erzählt sie über das Spiel, von dem Felix geschrieben hat. Boule heißt es und ist in Frankreich sehr bekannt. Gespannt hört Sophie, dass es in Paris eine Zuckerbäckerkirche, breite Einkaufsstraßen, wunderschöne Gärten und sehr alte Kirchen gibt. Dann kramt Oma einen Reiseführer hervor. Sophie blättert darin, und Oma ruft schwärmerisch: „Ach, dort gibt es einfach das köstlichste Essen!“ Als Beweis serviert sie zum Abendessen Baguette, Käse und Salat à la Paris.

Und das schmeckt fast ein bisschen wie Ferien in Frankreich. Langsam wird es dunkel, es ist Zeit, schlafen zu gehen. „Bonne nuit“, flüstert Oma, als sie zum Gute-Nacht-Sagen hereinkommt. „Weißt du, wie lange die Reise von Felix noch dauert?“, fragt Sophie. „Nun, das ist schwer zu sagen“, meint Oma. Und fügt nachdenklich hinzu: „Reisende soll man nicht aufhalten.“ Sophie überlegt: „Heißt das, dass Felix niemals zurückkommt?“ Plötzlich hat sie einen dicken Kloß im Hals. „Keine Sorge, zu Weihnachten ist dein Felix bestimmt wieder zu Hause. Da bin ich mir ganz sicher!“, sagt Oma leise und gibt Sophie einen dicken Gutenachtkuss. In dieser Nacht zählt Sophie keine Schäfchen, sondern die Tage bis Weihnachten.

Autorin/Text: Annette Langen, Illustrationen: Constanza Droop

Asterix und Obelix – Tour de France

- Wie gelingt es den Galliern, die Römer zu überlisten?

- Vergleiche diese Tour de France mit der, die auf Seite 152 beschrieben ist.

AH S. 69

nd und nt

rund Kind bunt Instrument
bekannt spannend Freund gesund
Cent Strand Elefant

❶ Sprich die Wörter deutlich aus. Was fällt dir auf?

❷ Schreibe alle Adjektive untereinander auf.

❸ Bilde dahinter Wortgruppen.
Schreibe so: *der runde Ball, …*

❹ Schreibe alle Substantive mit Artikel untereinander auf.
Bilde dahinter die Mehrzahl.

Zeitformen

❺ Übertrage die Tabelle in dein Heft. Ergänze die fehlenden Zeitformen.

Präsens	*Präteritum*	*Perfekt*
ich sause	…	…
…	*du kamst*	…
…	…	*er hat geschrieben*
…	*wir sahen*	…
ihr bringt	…	…
…	*sie aßen*	…

❻ Ergänze die Tabelle mit eigenen Verben.

Lotta liest in einem Buch.
Maro und Steffen gehen nach Hause.

❼ Schreibe die Sätze im Präteritum und im Perfekt auf.

Oberbegriffe

❶ Welches Substantiv gehört nicht zum jeweiligen Oberbegriff?

Spielzeug	Obst	Sehenswürdigkeiten
Ball	Apfel	Eiffelturm
Puppe Seife	Banane Kohl	Fahrrad Schloss
Roller	Birne	Museum

❷ Schreibe die richtigen Wörter aus den Kästen ab.
Ersetze das unpassende durch ein passendes Substantiv.
Schreibe so: *Spielzeug: Ball, …*

❸ Finde Substantive, die zu diesen Oberbegriffen gehören:
Gemüse, Fahrzeuge, Schule.

❹ Welcher Oberbegriff passt hier: Stuhl, Tisch, Bett?
Ergänze weitere passende Substantive.

Satzglieder

Piri radelt um den See.
Am Wochenende macht er
eine Wanderung.

Unsere Katze schläft heute viel.
Die Vögel zwitschern auf
dem Baum.

❺ Unterstreiche die Subjekte.

❻ Unterstreiche die Prädikate in einer anderen Farbe.

❼ Gibt es Bestimmungen der Zeit? Markiere sie farbig.

❽ Gibt es Bestimmungen des Ortes? Markiere sie farbig.

Briefe

Maro schreibt an Paul:

Vielen Dank für deinen Brief. Deine Ferien waren wohl spitze. Ich freue mich schon auf deine Fotos. Ach, heute ist der 25. April. Wir sehen uns in der Schule.
Tschüss

1. Was hat Maro in seinem Brief nicht beachtet?
2. Schreibe Maros Brief in der richtigen Form auf.
3. Beantworte den Brief. Erzähle von deinen Ferien.

Vergleichsstufen der Adjektive

4. Setze passende Adjektive ein.

Die Giraffe ist … als der Floh.
Das Auto ist … als das Fahrrad.
Der Kirchturm ist … als das Haus.
Die Schnecke ist … als der Gepard.

5. Bilde die Vergleichsstufen der Adjektive.
   Ordne sie in eine Tabelle.

tief | eng | viel | weit | alt | gut

Grundstufe	Mehrstufe	Meiststufe
tief	tiefer	am tiefsten

6. Markiere die Veränderungen.
7. Bilde zu jedem Adjektiv in der Meiststufe einen Satz.

Französische Wörter

❶ Lies die Wörter und spreche sie laut aus.
Was fällt dir auf?

Parfüm | Kantine | Perücke | Souvenir
Etage | Turnier | Portmonee | Dessert

❷ Ergänze zu jedem Wort eine Erklärung.
Schreibe so: *Ein Parfüm ist …*

ss und s

❸ Bilde nach den Angaben neue Wörter. Schreibe sie auf.
Wenn du alles richtig gemacht hast, ergeben sich Reimwörter.

T a s s e	N u s s	S e s s e l	K a s s e
1 = W 2 = i	2 = a 4 = e	1 = R 2 = i	1 = V ~~4~~
3 = e		3 = e ~~6~~	

❹ Schreibe die Reimwörter paarweise auf.

❺ Bilde zu allen Substantiven die Mehrzahl.

❻ Schreibe zu jedem Wort einen Satz auf.

Präteritum

sitzen | vergessen | essen | messen

❼ Schreibe die Verben in der ich-Form im Präsens untereinander auf.
Bilde daneben das Präteritum.
Unterstreiche die Veränderungen.

Wörter mit ng und nk

tr / s / w → inken   s / kl / br → ingen   z / t / d → anken

1 Übertrage die Tabelle in dein Heft und ergänze die fehlenden Formen.

Grundform	Präsens	Präteritum
trinken	er trinkt	er trank

2 Setze lang ein. Schreibe die Wörter vollständig auf.

Sch___e   ___sam   K___   ___weilig   ver___en

Wörter mit ss und ß

Flu___   Stra___e   Schlo___   sü___   Wa___er   mü___en   Spa___

3 Höre, ob der fett markierte Laut kurz oder lang klingt.

4 Setze ss oder ß ein. Schreibe die Wörter in einer Tabelle geordnet auf. Ergänze weitere Wörter mit ss oder ß.

Am Fluss

Vor dem Schloss saßen Paul und Lena auf einer Bank.
Sie aßen süßes Obst und tranken Wasser.
Die Menschen auf dem Fluss winkten ihnen zu.
Sie vergaßen die Zeit und mussten den langen Weg zur Haltestelle rennen.

5 Übe den Text als Diktat.

Fluss   Schloss   trinken – trank   Wasser   winken   lang

Ein französischer Maler
S. 156

Wann wurde Claude Monet geboren?

Was liebte er besonders?

Welche Blumen malte er oft?

Warum malten die Impressionisten ihre Bilder gern im Freien?

❶ Schreibe die Fragen ab. Beantworte sie in Sätzen.

Millie macht Kunst
S. 158/159

Millie würde *lieber/gern* die Mona Lisa angucken.

Das Pompididu hat heute geschlossen, weil heute *Montag/Dienstag* ist.

Drüben am Brunnen *sitzt/steht* ein Leierkastenmann.

„Du kannst doch ein paar französische Lieder“, sagt *Mama/Papa*.

Die *Menschen/Leute* gucken vielleicht!

Kunst macht *Spaß/Freude*.

❷ Finde die richtigen Sätze auf den Seiten 158/159. Schreibe sie auf.

Briefe von Felix
S. 160/161

London ist auch nicht schlecht.

„O là là, der Hase war in Paris“, ruft ihre Oma.

Boule heißt es und ist den Menschen sehr bekannt.

❸ Lies die Geschichte.
Finde die falschen Wörter in den Sätzen.

❹ Schreibe die richtigen Wörter hintereinander auf.
Sie ergeben einen Lösungssatz.

Das Jahr

Text und Musik: Christa Zeuch

2. Steh'n vier Geschichten drin,
vier Märchen wunderbar.
Das erste spricht vom Zaub'rer Grün,
der grad noch schlafend war.

3. Das zweite spricht ganz bunt,
ihr könnt es selber sehen,
weil alle Farben dieser Welt
im zweiten Märchen stehen.

4. Im dritten Märchen geht
ein stolzer Königsmann,
hat lauter Schmuck in Rot und Gold
und Flammenkleider an.

5. Ist's dir zu still und weiß
im vierten Märchen dann,
so klapp' das Buch ganz einfach zu
und fang' ein neues an.

Herbst

Das Märchen vom guten Kartoffelkönig

Es war einmal eine große Kiste Kartoffeln. Ich kann euch sagen, prachtvolle Kartoffeln waren es, eine noch dicker als die andere. Eines Tages aber, da rief´s aus der Kartoffelkiste: „Ich will nicht geschält werden! Ich will nicht gekocht werden! Und gegessen werden, will ich schon gar nicht!“ Und das ist auch wahr gewesen. Denn mitten in der Kartoffelkiste hat der Kartoffelkönig gelegen. Der war so groß wie zwölf andere große Kartoffeln zusammen. Und gerade als er das gesagt hatte, der Kartoffelkönig, da kam die Großmutter in den Keller. Denn sie wollte ein Körbchen Kartoffeln holen. Die wollte sie schälen und zu Mittag mit Salz und Wasser kochen.

Auch den Kartoffelkönig tat sie in ihr Körbchen und sagte: „Ei, das ist mal eine dicke Kartoffel!“ Aber als die Großmutter mit dem Körbchen aus dem Keller kam und über den Hof ging, da sprang der Kartoffelkönig hops aus dem Körbchen und rollte so geschwind durch den Hof davon, dass die Großmutter nicht hinterherkonnte. „Ach!“, sagte sie, „Ich will sie nur laufen lassen, die dicke Kartoffel. Vielleicht finden ein paar arme Kaninchen sie und fressen sich dick und satt daran.“

Der Kartoffelkönig aber rollte immer weiter, der dicke große Kartoffelkönig.

Da begegnete ihm der Igel und sagte zu ihm: „Halt, dicke Kartoffel, wart ein Weilchen, ich will dich zum Frühstück essen!“ „Nein, nein“, sagte der Kartoffelkönig:

„Großmutter mit der Brille hat mich nicht gefangen, und du, Igel Stachelfell, kriegst mich auch nicht!“ Und eins, zwei, drei! rollte er weiter bis in den Wald hinauf.

Da begegnete ihm das Wildschwein. „Halt, prachtvolle dicke Kartoffel“, rief es, „wart ein Weilchen, ich will dich geschwind fressen!“ „Nein!“, sagte der Kartoffelkönig, „Großmutter mit der Brille hat mich nicht gefangen, Igel Stachelfell hat mich nicht gefangen, und du, Wildschwein Grunznickel, kriegst mich auch nicht!“

Und eins, zwei, drei! rollte er weiter durch den Wald.

Da begegnete ihm die Hexe Tannenmütterchen, und sie sagte: „Halt, wart ein Weilchen, du leckerer Kartoffelkönig, ich will dich nur eben kochen und aufessen!“

„Nein!“, rief der Kartoffelkönig, „Großmutter mit der Brille hat mich nicht gefangen, Igel Stachelfell hat mich nicht gefangen und du, Hexe Tannenmütterchen, kriegst mich auch nicht!“

Und eins, zwei, drei! rollte er weiter, der große Kartoffelkönig.

Da begegneten ihm zwei arme Kinder. Die hatten Hunger und sie sagten: „Ach, was läuft da für eine dicke Kartoffel! Wenn wir die zu Haus hätten, dann könnte die Mutter uns einen großen Reibekuchen davon backen!“

Als das der Kartoffelkönig hörte, da hielt er im Laufen ein, und hops sprang er den armen Kindern ins Körbchen. Und die Kinder bekamen einen dicken, fetten Reibekuchen des Mittags zu Haus.

Das Märchen ist aus!

nach Wilhelm Matthießen

- Warum sprang der gute Kartoffelkönig in den Korb der Kinder?
- Hast du schon einmal etwas Gutes für einen anderen Menschen getan? Erzähle.
- Ihr könnt die Geschichte im Schattentheater nachspielen.

AH S. 70

Herbstrondelle

Diese Gedichte haben Kinder aus der 3a geschrieben.
Man nennt sie Rondelle.

> Ein Rondell ist ein Gedicht aus acht Zeilen.
> Die 2., 4. und 7. Zeile sind gleich.

- Was bedeutet für dich Herbst?
- Schreibe dazu ein Rondell. Verwende in der 2., 4. und 7. Zeile den Satz „Die Tage werden kürzer“.
- Überlege dir eine Überschrift.
- ○ Du kannst dein Blatt gestalten.

AH S. 71

Herbstlied

T: Albert Sixtus / M: Richard Rudolf Klein

Herbsträtsel

Im Herbstwind kann ich schweben,
mich in die Luft erheben
und tanze über'm Stoppelfeld
so viel es mir gefällt.
Doch ich hänge leider nur
an einer langen Schnur.
Wer bin ich?

(Drachen)

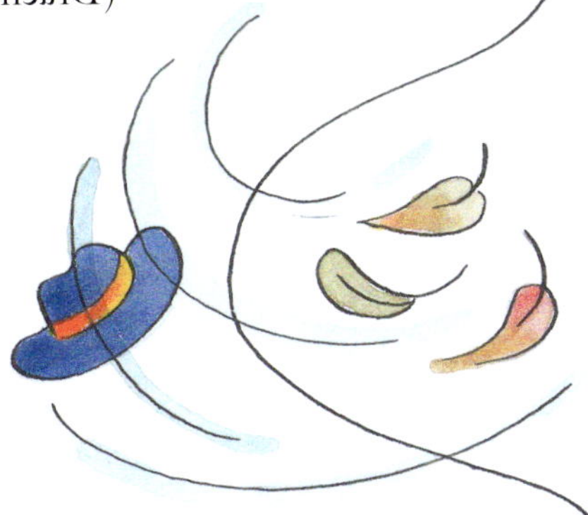

Im Herbst tobe ich mich aus,
pfeife und heule rund um's Haus.
Ich liebe es, die Bäume zu schütteln
und an den Fensterläden zu rütteln.
Auch wirbel ich gerne auf das Laub
und fege durch die Straßen den Staub.
Wer bin ich?

(Wind)

Leise, grau und ganz sacht
komme ich oft über Nacht
und lege mich wie eine weiße Wand
über Dorf und Stadt und Land.
Wer bin ich?

(Nebel)

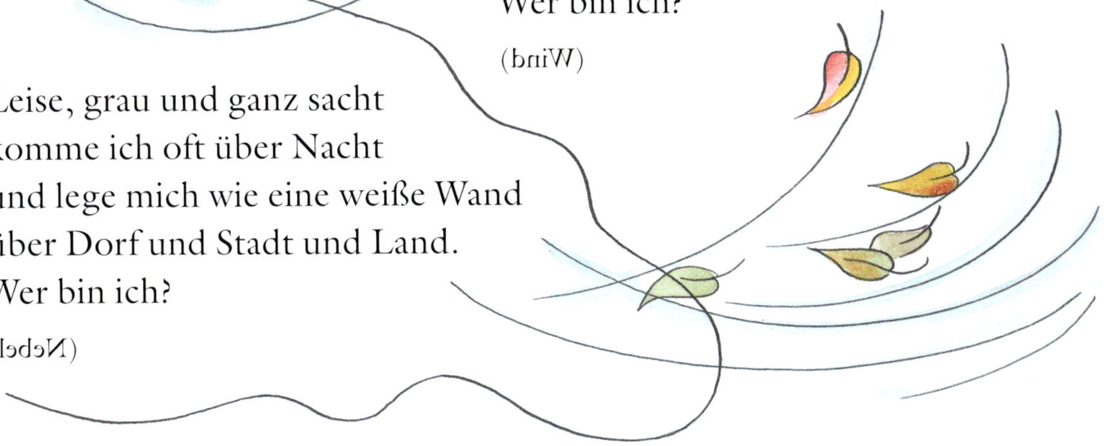

AH S. 72

Der Bratapfel

Kinder, kommt und ratet,
was im Ofen bratet!
Hört, wie's knallt und zischt.
Bald wird er aufgetischt,
der Zipfel, der Zapfel,
der Kipfel, der Kapfel,
der gelbrote Apfel.

Kinder, lauft schneller,
holt einen Teller,
holt eine Gabel!
Sperrt auf den Schnabel,
für den Zipfel, den Zapfel,
den Kipfel, den Kapfel,
den goldbraunen Apfel.

Sie pusten und prusten,
sie gucken und schlucken,
sie schnalzen und schmecken,
sie lecken und schlecken
den Zipfel, den Zapfel,
den Kipfel, den Kapfel,
den knusprigen Apfel.

Fritz und Emily Koegel

- Überlegt, wie ihr das Gedicht in der Gruppe vortragen könnt.

Rezept für Bratapfel

Du brauchst für 2 Personen:

2 Äpfel, 1 TL Butter, 1 EL Zimt,
1 EL Marzipanrohmasse,
1 EL Aprikosenmarmelade,
1 EL Mandeln, 1 EL Rosinen

- Äpfel waschen und die Kerngehäuse mit einem Apfelentkerner ausstechen
- Mandeln und Marzipan schneiden und mischen, mit Marmelade, Zimt, Rosinen in die Äpfel füllen
- Äpfel in eine gefettete Auflaufform stellen, Butterflöckchen darauf geben
- Bei 200° etwa 30 Minuten im Backofen braten

- Probiere das Rezept aus.

Schnupfenzeit

Ein Schnupfen hockt auf der Terrasse,
auf dass er sich ein Opfer fasse
– und stürzt alsbald mit großem Grimm
auf einen Menschen namens Schrimm.
Paul Schrimm erwidert prompt: Pitschü!
Und hat ihn drauf bis Montag früh.

Christian Morgenstern

Warum bekommen wir Schnupfen?
Viren heißen die Erreger, von denen wir Schnupfen bekommen. Sie lauern überall und kommen zu jeder Jahreszeit vor. Selbst mit einem Vergrößerungsglas kannst du die Viren nicht erkennen, so klein sind sie. Sie gelangen durch die Nase und den Mund in unseren Körper. Sind wir gesund, können sie uns nichts anhaben. Frieren wir aber oder haben nasse und kalte Füße, wird unser Körper geschwächt. Dann haben es die Viren leicht und wir bekommen Schnupfen. Manchmal kommen zum Schnupfen auch noch Husten, Halsweh oder Fieber dazu. Dann sind wir krank.

Lindenblütentee – ein Rezept gegen beginnenden Schnupfen
Zwei Teelöffel getrocknete Lindenblüten mit einer Tasse kochendem Wasser überbrühen und 10 Minuten ziehen lassen, danach abgießen. Ein Teelöffel Honig dazu hilft gegen Halsschmerzen.

Winter

Am Nikolausabend

Gestern Abend,
etwa um acht,
da lag ich im Bett
und hab mir gedacht:
Heut schlafe ich nicht,
zieh lieber die Bettdecke
vor das Gesicht –
und blinzelte vorsichtig
durch einen Schlitz.

Ich war schon ganz hibbelig,
so richtig kribbelig
vom langen Warten.

Da geht auf einmal die Türe auf,
und herein kommt verstohlen,
auf leisen Sohlen
jemand geschlichen,
legt auf den Teller was drauf,
husch, husch,
und ist schon entwichen.

Alles war dunkel im Zimmer,
kein bisschen Schimmer,
kein Lampenschein
drang herein.

Ich guckte mir fast die Augen aus.
War er's nun wirklich,
der Nikolaus?
Verflixt!
Jetzt weiß ich ein ganzes Jahr
wieder nicht,
ob das der Nikolaus war.

Ortfried Pörsel

Weihnachten in anderen Ländern

Gerard aus Frankreich erzählt:

„Wir feiern das Weihnachtsfest am Abend des 24. und am 25. Dezember. In unseren Wohnungen stehen zwar Weihnachtsbäume, sie werden jedoch nicht immer geschmückt. Wir stellen aber unsere Schuhe darunter, in die Süßigkeiten und kleine Geschenke gelegt werden. Die großen Geschenke bringt Papa Noël am 1. Januar. Weihnachten ist das Fest der Familie. Die jüngste und die älteste Tochter bringen ihrem Vater einen Holzklotz, den er mit Wein begießt. Dann wird er im Kamin verbrannt. Unsere Mutter backt die berühmten Kuchenklötze, die wie Holzklötze aussehen. Zum gemeinsamen Essen gehen wir meistens in ein Restaurant. Unser Weihnachtsgruß heißt: *Joyeux Noël.*“

Romina aus Italien berichtet:

„Wir feiern Weihnachten an den gleichen Tagen, wie es in Deutschland gefeiert wird. Wir schmücken zwar auch einen Weihnachtsbaum, aber viel wichtiger ist die Krippe. Es gibt richtige Wettbewerbe um die schönsten Figuren. Es sind kleine Kunstwerke, die gebacken, geschnitzt oder gebastelt werden. Ein typisches Essen ist der Panetone, ein trockener Kuchen mit vielen Gewürzen. Die Geschenke erhalten wir Kinder erst am 6. Januar. Sie werden von einer alten Hexe, La Befana, gebracht. Unartige Kinder bekommen Kohlestücke. Unser Weihnachtsgruß heißt: *Buon Natale.*“

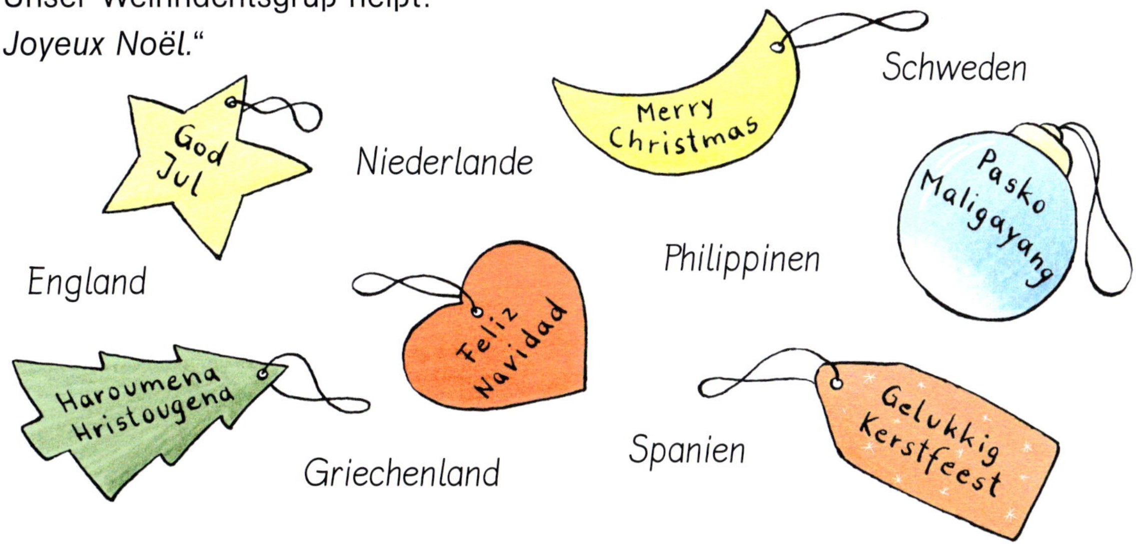

- Kannst du die Weihnachtsgrüße den Ländern zuordnen?

Die Weihnachtsgans Auguste

Der Opernsänger Luitpold Löwenhaupt hatte im November eine Weihnachtsgans gekauft. Diese sollte am 24. Dezember gegessen werden. Die Kinder Elli, Gerda und Peterle wollten die Gans im Bad unterbringen. Die Eltern brachten sie allerdings in den Kartoffelkeller. Sie erlaubten den Kindern, sie eine Stunde lang täglich im Garten zu hüten.

Anfangs befolgten die Kinder genau diese Anordnung der Eltern. Eines Abends begann das siebenjährige Peterle in seinem Bettchen zu klagen, dass „Gustje“ – man hatte die Gans aus einem nicht erfindbaren Grunde Auguste genannt - bestimmt unten im Keller friere. „Es ist kalt im Keller!“, sagte Peterle und begann gleich zu heulen. „Gustje friert! Ich will nicht, dass Gustje friert. Ich hole Gustje herauf zu mir!“...
Peterle und Gerda schlichen auf den nackten Zehenspitzen in den Keller, holten die Gans Auguste aus ihrer Kiste, in der sie auf Lappen und Sägespänen lag, und trugen sie leise hinauf in ihr Zimmer. Bisher war Auguste recht verschlafen gewesen und hatte bloß etwas geschnattert wie: „Lat mi in Ruh, lat mi in Ruh!“ Aber plötzlich fing sie laut an zu schreien: „Ick will in min Truh, ick will in min Truh!“
Schon gingen überall die Türen auf. Die Mutter kam hervorgestürzt, Theres, das Hausmädchen, rannte von ihrer Kammer her die Stiegen hinunter.

Die kleine Gerda aber hatte in ihrem Schreck die Gans losgelassen, und jetzt flatterte und schnatterte Auguste im Treppenhaus umher.
Bei der nun einsetzenden Jagd durch das Treppenhaus und die Korridore verlor Auguste, bis man sie eingefangen hatte, eine Anzahl Federn. Und dann begann auch noch Peterle zu heulen: „Ich will Gustje haben! Gustje soll mit mir schlafen!“

Als die Mutter sah, wie aufgeregt Peterle war und dass man ihn nicht beruhigen konnte, erlaubte sie, dass man die Kiste aus dem Keller heraufholte und neben Peters Bett stellte. Natürlich konnte man die Gans nicht wieder in den Keller bringen, zumal die Nächte immer kälter wurden, weil es nämlich schon auf Weihnachten zuging. Auch benahm sich die Gans außerordentlich manierlich.

Bei Tag ging sie mit Peterle spazieren und hielt sich getreulich an seiner Seite wie ein guter Kamerad, wobei sie ihren Kopf stolz hochtrug und ihren kleinen Freund mit seinem Geplapper aufs beste unterhielt.

Doch das Weihnachtsfest rückte näher und näher. Eines Mittags meinte der Sänger Löwenhaupt plötzlich zu seiner Frau, dass es nun mit Auguste „soweit wäre“. Mutter Löwenhaupt machte ihrem Mann erschrocken ein Zeichen, in Gegenwart der Kinder zu schweigen. „Ach so!“, grollte der Vater. „Ihr glaubt, ich habe die Gans als Spielzeug für die Kinder gekauft? Ein nettes Spielzeug! Und ich? Was wird aus mir?!“ …

Theres sollte die Gans herunterholen. Natürlich wachte Auguste auf und schrie sofort aus vollem Halse: „Ick will min Ruh, ick will min Ruh! Lat mi in min Truh!“ …

Peterle und die Schwestern erwachten, es gab einen Höllenspektakel. Die Mutter weinte, Theres ließ die Gans flattern; diese segelte hinunter in den Hausflur. Vater Löwenhaupt, der jetzt zeigen wollte, was ein echter Mann und Hausherr ist, rannte hinter Auguste her, trieb sie in die Ecke, griff mutig zu und holte aus der Küche einen Gegenstand; während die Mutter die Kinder oben im Schlafzimmer hielt, ging der Vater mit der Gans in die entfernteste, dunkelste Gartenecke, um sein Werk zu vollbringen.

Die Gans Auguste aber schrie und zeterte. Schließlich trat doch Stille ein. Der Mutter liefen die Tränen über die Wangen, und auch Peterle jammerte: „Wo ist meine Gustje!? Wo ist Gustje?“

Friedrich Wolf (gekürzt)

AH S. 73

Die Erfindung des neuen Jahres

Herr Bubbelkühm, der ein Erfinder ist, lebt ganz bescheiden im Hinterhaus. Seine Tochter Flämmchen mit den blumenstängeldünnen Beinen und dem kleinen Strohhut lebt bei ihm. Und dazu noch der Kater Mollibum.
Morgens zieht Herr Bubbelkühm seine Erfinderhose an, dann beginnt er zu arbeiten. Viele großartige Dinge hat er schon erfunden: eine Buchseitenumdrehmaschine und sogar einen künstlichen Hund. Heute ist Herr Bubbelkühm traurig, denn es will ihm gar nichts Neues einfallen.
„Mach doch mal viereckige Seifenblasen“, meint Flämmchen. Doch, so viel sich Herr Bubbelkühm auch bemüht, die Seifenblasen werden alle rund. Da lässt er sie im Zimmer umherschweben.
„Ach“, seufzt er und schaut zum Fenster hinaus.
Als er sieht, wie die Leute frieren, beschließt er einen Warmluftpuster zu bauen. Zum Mitnehmen, wenn man spazieren geht! Flämmchen schaut zu.
Sehr schön wird der Warmluftpuster, aber leider wird er auch ziemlich groß, und so ist er nicht recht praktisch.
„Heute will mir nichts gelingen“, sagt Herr Bubbelkühm. „Und dabei ist der Tag schon fast zu Ende.“
Ein bisschen bunten Schnee erfindet er noch und rotbackige Plastikäpfel.
„Äpfel, die man nicht essen kann, sind blöd“, sagt Flämmchen. Da stützt Herr Bubbelkühm seinen Kopf in die Hände und denkt in sich hinein.
„Warum ist es eigentlich so still?“, fragt er plötzlich.
„Ich weiß es!“, ruft Flämmchen. „Das alte Jahr geht zu Ende.“
„Und wenn es zu Ende gegangen ist?“, fragt Herr Bubbelkühm erschreckt.

„Ich muss ein neues Jahr erfinden! Schnell!“ Er dreht ein bisschen an seiner Erfindermaschine und überlegt. „Ein Jahr besteht aus Frühling, Sommer, Herbst und Winter“, grübelt er.

Für den Frühling fächelt er Seifenblasen oben in den Trichter hinein, für den Sommer pustet er fünf Pfund warme Luft hinterher, die Plastikäpfel sind für den Herbst und aus dem bunten Schnee soll ein richtiger Winter werden.

„Achtung!“, schreit Herr Bubbelkühm und stellt die Maschine ein. Flämmchen sitzt vorsichtshalber oben auf dem Schrank. Es knurrt und zischt, dann entsteht eine riesige Wolke und zum Schluss gibt es einen furchtbaren Knall.

Weit reißt Herr Bubbelkühm das Fenster auf. Da läuten draußen die Glocken und die Nacht ist hell vom Feuerwerk.

„Es ist gelungen!“, schreit Flämmchen. „Das neue Jahr ist da! Und mein Papa hat es erfunden!“

„Hoffentlich wird es ein gutes Jahr“, sagt Herr Bubbelkühm.

Gina Ruck-Pauquèt

- Überlege, wie die Jahreszeitenmaschine aussehen könnte.
- Du kannst sie auch malen.

Neujahrsnacht

In dieser Nacht um Mitternacht,
da tut es einen Schlag,
da steht das neue Jahr vor dir
und sagt dir guten Tag.

Und spricht: „Bin ich nicht pünktlich? Freund,
du selbst stehst auch bereit.
Auf, wollen wir gemeinsam gehn
ein Stücklein durch die Zeit.“

Josef Guggenmos

AH S. 74

Schneeflocken

Wolken werden durch winzige Wassertropfen gebildet. Ist es sehr kalt, gefrieren sie in der Wolke oder auf dem Weg zur Erde. Sie werden zu Eiskristallen, die wie sechseckige Sterne aussehen. Sie wirbeln so stark in der Luft, dass die Spitzen schmelzen und abgerundet werden. Dann wachsen in der kalten Luft neue Spitzen, die wieder schmelzen. Wenn die Kristalle sich ineinander verhaken, entstehen Schneeflocken.

Eisblumen

Manchmal wachsen sogar im Winter Blumen. Wenn es nachts gefroren hat, blühen sie an den Scheiben der Autos oder an den Fenstern nicht geheizter Räume. Zuerst gefrieren einzelne Wassertropfen. Liegen dann viele gefrorene Wassertropfen nebeneinander, entstehen Eisbilder, die uns an Blüten erinnern.

- Erzähle den Inhalt der beiden Abschnitte des Sachtextes.

So kannst du Eisblumen basteln:

Du benötigst selbstklebende Klarsichtfolie, weiße Wollfäden und eine Schere.

Lege die Klarsichtfolie mit dem Schutzfilm nach oben vor dich. Ziehe ihn vorsichtig ab.

Lege mit Wollfäden Blütenbilder auf die Folie. Lass am Rand ein paar Zentimeter frei.

Schneide die Folie um die Blüte aus. Klebe die Blume auf die Fensterscheibe.

Das Gewicht der Schneeflocke

„Es schneit“, sagte der Wolf.

„Was du nicht sagst, Gevatter“, brummte der Bär.

„Mehr als tausend Schneeflocken“, sagte der Fuchs, „aber auf meinem Pelz spüre ich sie überhaupt nicht!“

„Sie schmelzen auf meiner Hasennase“, sagte der Hase, und dann fügte er noch nachdenklich hinzu: „Man spürt sie nicht. Doch sie haben ein Gewicht!“

„Eine Schneeflocke wiegt weniger als nichts“, knurrte der Wolf.

„Und sie hat keine Kraft“, brummte der Bär.

„Aber sie wiegt doch etwas, und sie hat auch Kraft“, sagte der Hase.

Die Tiere gerieten in Streit, ob eine Schneeflocke etwas wiegt oder nicht.

„Wir wollen die Schneeflocken zählen, die da auf den alten, dicken Ast fallen“, sagte der Hase. „Da wird man ja sehen, ob eine Schneeflocke Gewicht hat.“

Der Bär und der Wolf lachten so laut, dass es durch den ganzen Wald schallte. Aber weil sie gerade nichts Besseres zu tun hatten, zählten sie mit: „Eins … zwei … drei … vier … fünf … sechs … sieben …“

Als sie bei zweitausendachthundertsiebenundsechzig angekommen waren, sagte es plötzlich „Krach“, und der dicke, mächtige Ast brach ab.

„Der Hase hat Recht“, knurrte der Wolf, und sogar der Bär wunderte sich über die Kraft der Schneeflocke.

Frederik Vahle

- Warum brach der Ast ab?
- Welche Verben für „sprechen“ findest du im Text? Sie sagen dir, wie jemand spricht.
- Lest den Text nun mit verteilten Rollen.

AH S. 75

Frühling

Etwas fängt an

„Der Frühling kommt!“,
rief der Wind. Aber keiner
wollte auf ihn hören.
Der Himmel war sehr grau
und blieb so grau,
weil die Sonne schlief.

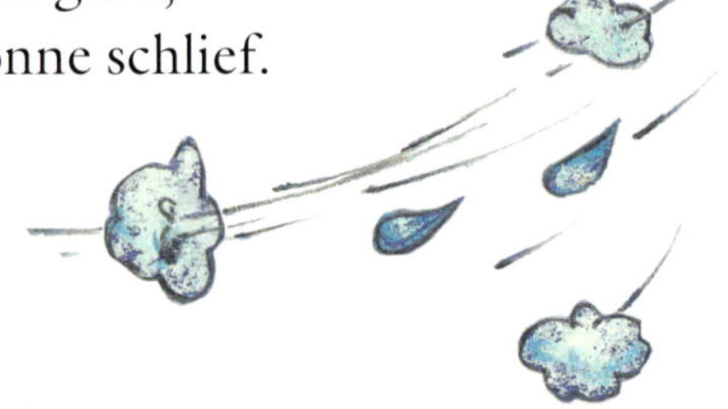

„Der Frühling kommt“,
rief der Wind noch einmal.
Plötzlich ärgerte er sich
und brauste und fauchte
und schüttelte die Wolken
und jagte sie.

„Wo ist der Frühling?“,
fragte die Sonne erschrocken.
Sie schlug die Augen auf.
Da wurde der Himmel warm.
So warm, dass der Winter,
dieser stumme König
der Kälte, seinen Pelz
über die Schultern warf.

Hastig stolperte er davon.

„Jetzt kommt der Frühling“,
summten die Bienen.
„Ach was, ach was,
er ist schon da“,
sangen die Vögel.

Erich Jooß

- Wer kommt in den Strophen vor?
- Trage das Gedicht ausdrucksvoll vor.
- ○ Ihr könnt das Gedicht als Rollenspiel gestalten.

Ich bin doch kein Schneemann

Ich habe Lust auf eine grüne Wiese,
auf der ich ohne Schuh spazieren geh,
auch wenn ich Winterfreuden gern genieße,
ich freu mich auf die Wiese,
die noch schläft unterm Schnee,
die noch schläft unterm Schnee.

Ich sehne mich nach unserm kleinen Garten,
viel Sonnenblumenkerne will ich säen,
und auf die ersten Himmelschlüssel warten,
weil die in unserm Garten
immer so früh aufstehn,
immer so früh aufstehn.

Ich bin doch kein Schneemann,
ich freu mich, wenn's Frühling wird,
fängt alles zu blühn an,
wird die Welt bald so herrlich weit,
so herrlich weit.

Ich möchte wieder einmal richtig wandern,
durch Wald und Feld, vorbei an stillen Seen,
und träumen möchte ich mit allen andern,
wenn in der Glut des Lagerfeuers
Bilder entstehn,
Bilder entstehn.

Ich bin doch kein Schneemann,
ich freu mich, wenn's Frühling wird,
fängt alles zu blühn an,
wird die Welt bald so herrlich weit,
so herrlich weit.

Monika Ehrhardt

- Worauf freut sich die Person im Frühling?
- Was magst du am Frühling besonders?
- Du kannst ein Elfchen, Haiku oder Rondell über den Frühling schreiben.

Rund ums Ei

Viktor und Helena wollen Ostereier anmalen. Da Mutter nur braune Eier im Haus hat, stellen sie enttäuscht fest, dass man die Farbe kaum sieht. Da hat Helena eine Idee.
Sie ruft: „Wir basteln Eierhäschen.“
Zuerst bohren sie mit einer Nadel ein kleines Loch in die beiden Enden des Eies. Dann blasen sie die Eier aus. Anschließend schneiden sie aus braunem Karton Ohren und Füße für den Hasen aus.
An die runde Seite der Eier kleben sie die Füße.
Die Ohren werden an die obere Seite geklebt.
Mit einem schwarzen Filzstift malen sie nun die Augen und eine Nase mit Schnurrhaaren auf.
Am Ostermorgen sitzen die Osterhäschen als Überraschung auf dem Ostertisch.

- Kennst du noch weitere Osterbasteleien?
  Stelle sie der Klasse vor.

Woher kommt das Osterei?
Schon im Mittelalter verschenkte man zu Ostern Eier. Sie galten als ein Symbol für das Leben. Bunte Ostereier kennt man seit ungefähr 200 Jahren.

Roh oder gekocht?
Wenn du nicht weißt, ob ein Ei roh oder gekocht ist, drehe es vorsichtig wie einen Kreisel auf dem Tisch. Das gekochte Ei dreht sich ruhig. Ist es noch roh, wackelt es.

AH S. 76

Das Liebesbrief-🥚

🥚n Huhn verspürte große Lust,
unter den Federn in der Brust,
aus Liebe dem Freund,
🥚nem Hahn, zu schr🥚ben,
er solle nicht länger
in Düsseldorf bl🥚ben.
Er solle doch lieber
hier – zu ihr 🥚len
und mit ihr
🥚ne 🥚nsame Stange t🥚len,
auf der sie schlief.
Das stand im Brief.

Wir müssen noch sagen:
Es fehlte ihr an gar nichts.
Außer an Briefpapier.
Da schrieb sie ganz 🥚nfach
und deutlich mit Bl🥚
den Liebesbrief auf ein Hühner🥚.
Jetzt noch mit einer Marke bekleben
und dann auf dem Postamt abgegeben.

Da knallte der Postmann
den Stempel aufs 🥚.
Da war sie vorb🥚.
Die Liebel🥚.

Janosch

- Welche Wörter mit Ei/ei findest du im Gedicht?
  Schreibe sie in dein Heft.
- Suche im Wörterbuch noch mehr Ei/ei -Wörter.

Flunkerfranz

Es war einmal ein Hase, der die tollsten Geschichten erfand. Und immer, wenn jemand etwas erzählte, dann wusste er eine Geschichte, die noch ungewöhnlicher und noch aufregender war. Dabei log er das Blaue vom Himmel herunter.

Er log, dass sich einem Schwein der Pelz sträubte und dass sich jedem Huhn die Hörner bogen. Man konnte Flunkerfranz schon von weitem erkennen, weil sein mittleres Ohr etwas länger war als das rechte und das linke. Auch wenn er davonlief, war er nicht zu verwechseln: Er hatte einen hübschen braunweiß karierten Stummelschwanz.

Franz züchtete in seinem Garten Möhren. Die waren so groß, dass er sie mit einem Bagger herausziehen musste. Und das spätestens im April! Sonst wuchsen sie nämlich so tief in die Erde hinein, dass sie auf der anderen Seite der Welt wie Bergspitzen herausbrachen. Aus den Kartoffeln, die an seinen Apfelbäumen wuchsen, bereitete er köstliches Birnenkompott.

Und wenn er auf seiner silbernen Holzflöte spielte, dann fielen vor Schreck die Fische von den Bäumen und die Vögel von den Radieschensträuchern. Ich habe ihn Ostern besucht, da legte er gerade viereckige Ostereier. Siebenhundert Stück. Es war genau die Menge, die in den Kofferraum des gelben Hubschraubers passte, mit dem er geräuschlos zum Eierverstecken flog. Er legte die Eier in die Nester, die die Vögel freundlicherweise für ihn in Bäumen und Büschen gebaut hatten.

Wenn ich es nicht mit eigenen Ohren gesehen hätte, wirklich, ich würde es nicht glauben! Außerdem kann ich einfach nicht verstehen, wie einer so schwindeln kann wie der Flunkerfranz.
Könnt ihr das?
Ich könnte das nie!

Ursel Scheffler

- Nenne Dinge, die in der Geschichte nicht stimmen.
- Du kannst dir auch eine eigene Flunkergeschichte ausdenken.

Alle Vögel sind schon da

T: H. Hoffmann v. Fallersleben
M: mündl. überliefert

Eine Schwalbe macht noch keinen Sommer

Viele Vögel bleiben das ganze Jahr über bei uns. Dazu gehören Meisen, Elstern, Spatzen und Amseln. Sie finden auch im Winter ausreichend Nahrung. Viele Vögel aber haben uns im Herbst verlassen. Eine innere Uhr sagt ihnen, dass sie sich auf die Reise in wärmere Gegenden machen müssen, um zu überleben. Vögel, die solche Wanderungen unternehmen, nennt man Zugvögel. Wenn es bei uns Frühling wird, werden die Tage länger. Die Vögel kehren zurück, denn sie haben dann viel Zeit, ihre Nester zu bauen und ihre Jungen aufzuziehen. Einige Vogelarten, wie zum Beispiel die Stare und die Bachstelzen, überwintern im Süden Europas und haben daher nicht so eine weite Strecke zu fliegen. Andere Vogelarten müssen viele tausend Kilometer für ihren Rückflug bewältigen.

Von den Vögeln, die bei uns leben, fliegen die Schwalben die längste Strecke. Sie legen etwa 13.000 Kilometer bis nach Südafrika zurück. Wenn wir nun im Frühling die ersten Schwalben entdecken, bedeutet das aber noch nicht, dass der Sommer schon nahe ist. Schwalben fliegen in kleineren Gruppen. Sie kehren auch nicht alle zur gleichen Zeit zurück, sondern in Abständen. Erst wenn wir viele Schwalben sehen, können wir sicher sein, dass der Sommer nicht mehr weit ist. Von daher kommt also das Sprichwort: „Eine Schwalbe macht noch keinen Sommer."

- Suche weitere Sprichwörter zu Tieren.

Die Schwalbenchristine

Es war an einem heißen Sommertag.
Die Kinder spielten auf dem Hof
vor der schwarzen Ruinenwand.
Plötzlich kamen Arbeiter
und sperrten Seile um die Ruine.
Dann legten sie lange Kabel aus.
Sie sollten die alte Ruine
in die Luft sprengen.

Aber der kleine Bobby schrie plötzlich laut: „Das dürft ihr nicht tun! Ihr dürft es nicht!“ Die Arbeiter stützten die Hände in die Seiten, guckten sich an, und der Meister fragte: „Und warum nicht, du Knirps?“ Bobby sagte: „Es wohnen doch junge Schwalben in der Ruinenwand. Wenn ihr sie sprengt, müssen sie sterben. Sie können noch nicht fliegen, die Jungen.“ Alle waren still. Nur die Schwalben flogen zwitschernd um die Ruine und brachten den Schwälbchen Futter. Und wer sehr, sehr genau hinsah, konnte die kleinen, spitzen, hungrigen Schnäbel sehen.

„Wir wollen nicht, dass die Schwalben sterben. Aber wir müssen die Ruine sprengen“, sagte der junge Arbeiter. „Was kann man da tun?“ Die Arbeiter und die Kinder setzten sich auf den Lastwagen und hielten eine Beratung ab. „Ja“, sagte der Meister, „wer schlägt was vor?“ Der dünne Dieter wollte an der Ruinenmauer hochklettern und die Schwalben retten. Ein kleiner Junge fragte, ob es nicht mit einem Lasso ginge. Doch so viele Vorschläge auch kamen, keiner war richtig. Da waren die Kinder traurig, die Arbeiter waren traurig, und der Meister guckte auf die Uhr. „In zwei Stunden muss die Ruinenwand gesprengt sein.“ Ach, da schrien alle so laut durcheinander, dass die Schwalben ein bisschen höher flogen. Christine aber riss das Fenster auf und rief: „Ruhe da draußen!“ „Christine!“, rief der Bobby. „Weißt du nicht, was wir tun können?“ Christine zog die Stirn kraus und sagte schließlich:

„Da kann nur die Feuerwehr helfen. Die Feuerwehr mit der langen Leiter." Sie kletterte aus dem Fenster und rannte mit Bobby zum Lastwagen. „Hm!", sagte der Meister, als er hörte, was Christine vorschlug. „Versucht es mal. Ich versuche was anderes. Aber", der Meister schaute auf die Uhr, „die Sprenglöcher werden schon gebohrt! Die Ruine muss weg. Wir brauchen Platz für neue Häuser." Dann ging er. …

Jetzt rannten die Kinder zur Feuerwache. Christine drückte auf den Klingelknopf. Ein Fenster öffnete sich, und der Feuerwehrwachhabende fragte: „Wo brennt's denn?" „Nirgends!", sagte Christine. „Dann ist's gut!", brummte der Feuerwehrwachhabende und klappte das Fenster wieder zu. „Na so was!", sagte Christine, klingelte wieder und erzählte schnell die Geschichte von den Schwalben. „Alle Feuerwehren sind unterwegs. Deswegen kann die Feuerwehr auch leider nicht eure Schwalben retten!" Damit schloss der Feuerwehrwachhabende traurig das Fenster, und die Kinder standen traurig da.

Langsam gingen sie zurück, langsam und mutlos. Christine aber sagte: „Wir wollen uns beeilen. Es muss eben etwas anderes gefunden werden." Dieter grummelte grämlich: „Wenn nicht mal die Feuerwehr helfen kann –" „Wir schaffen es schon", sagte Christine. Und der Bobby begann zu erzählen: „Schwalben sind wunderschöne Vögel. Sie fliegen ganz, ganz schnell. Viel schneller als ein Auto fährt. Im Frühjahr kommen sie aus dem Süden, bauen ihre Nester an Wänden und Türmen und brüten die Jungen aus. Für ihre Jungen fangen sie den ganzen Tag Fliegen und Mücken. Sie sind schön und nützlich, und das alles hat mir mein Opa erzählt."

Fred Rodrian (gekürzt)

- Wie könnte es den Kindern gelingen, die Schwalben zu retten?
- Was erfährst du über Schwalben?
- Warum finden Schwalben heute weniger Platz, um ihre Nester zu bauen?

AH S. 77

Sommer

Niki und das Dreimeterbrett

Seitdem Niki schwimmen gelernt hatte, ging er oft mit den anderen Kindern in die Badeanstalt. Sie lag ganz in der Nähe und war das Schönste vom ganzen Sommer. Niki schwamm wie ein Fisch. Er tauchte, schlug Purzelbäume, planschte und prustete. Am liebsten wäre er den ganzen Nachmittag im Wasser geblieben. Nur vor einem fürchtete er sich: vor dem Sprungturm. Und deshalb bekam er einen gewaltigen Schreck, als der große Bernd sagte:
„Los, heute springen wir alle vom Dreimeterbrett." Niki wollte schnell einen Haken schlagen und verschwinden. Aber Bernd rief:
„Du auch, Niki! Oder bist du etwa zu feige?"
Und weil Niki das nicht zugeben wollte, kletterte er mit klopfendem Herzen die Leiter hinauf, bis er oben stand und tief unten das dunkle Wasser sah. Nein, dachte er. Ich tu's nicht. Ich warte, bis die anderen gesprungen sind, dann klettere ich wieder hinunter.
Doch da sagte der große Bernd: „Niki soll als Erster springen, damit wir sehen, dass er keine Angst hat. Los, Niki!" Er wollte ihn nach vorn aufs Brett schieben, auf das schmale Brett hoch über dem Wasser.
Und das war zu viel. „Ich habe Angst!", schrie Niki. „Ich will runter!"
Er riss sich los und lief zur Leiter.
„Feigling!", lachten die anderen hinter ihm her. „Niki ist ein Feigling!"
Darüber ärgerte er sich so sehr, dass er nach Hause ging. Dort saß der Großvater auf dem Balkon. „Na, Niki, Spaß gehabt beim Baden?", fragte er.

„Hm“, druckste Niki, „hm, ja, nein.“ Und weil man Großvater sowieso nichts vormachen konnte, erzählte er ihm die ganze Geschichte. Der Großvater hörte zu und nickte. „Soll ich dir mal etwas verraten, Niki? Das Dreimeterbrett ist gar nicht hoch. Es kommt dir bloß so vor, weil du Angst hast. Und Angst hast du nur, weil du noch nie hinunter gesprungen bist. Pass auf, wir versuchen es einmal zusammen. Ich springe zuerst …“ „Du?“, rief Niki. „Glaub ich nicht.“ „Jawohl, ich“, sagte der Großvater. „Ich hab nämlich keine Angst, weil ich weiß, dass es nicht hoch ist. Also, willst du?“

„Hm“, machte Niki misstrauisch. Aber am Abend, als alle anderen Kinder längst zu Hause waren, ging er mit dem Großvater doch noch einmal in die Badeanstalt. Zusammen kletterten sie auf das Dreimeterbrett, und nachdem der Großvater gesprungen war, kniff Niki die Augen zu und sprang hinterher. Hilfe!, wollte er schreien, aber dann – kaum zu glauben, dann war es gar nicht schlimm. Beim zweiten Mal kam ihm das Brett gar nicht mehr so hoch vor und nach dem vierten Sprung hatte Niki seine Angst endgültig verloren. Als der große Bernd am nächsten Tag grinsend sagte: „Spring mal vom Dreimeterbrett, du Feigling!“, da kletterte Niki seelenruhig hinauf. Es machte platsch, und bevor Bernd seinen Mund zugeklappt hatte, schwamm Niki schon unten im Wasser.

Irina Korschunow

AH S. 78

Was ist eine Wiese?

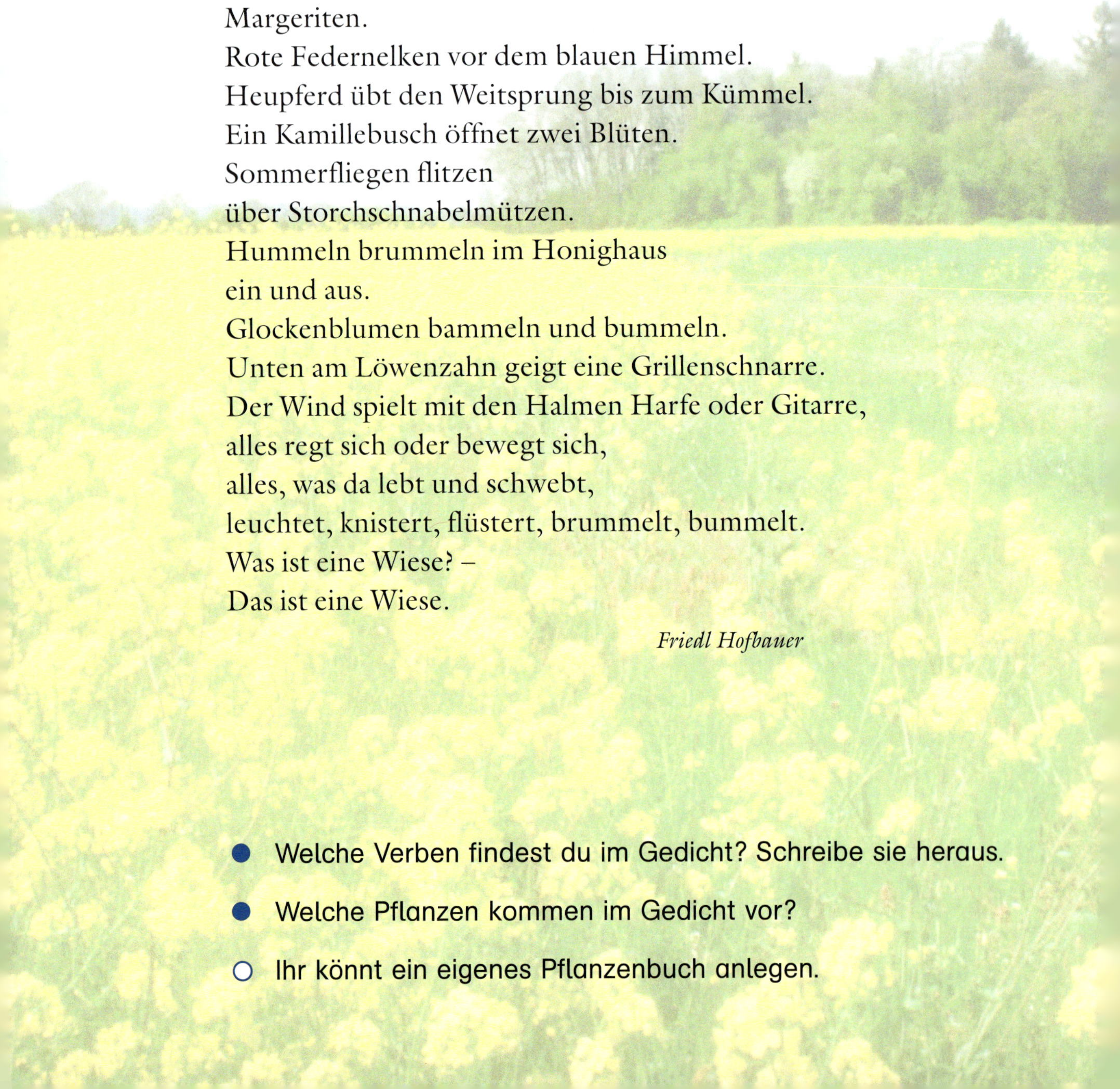

Was ist eine Wiese?
Futter für die Kuh.
Und noch was dazu.
Gras und Blumen, Schmetterlingsflügel.
Bienensummen.
Ameisengekrabbel.
Käfergezappel.
Achtung, Maulwurfshügel!
Margeriten.
Rote Federnelken vor dem blauen Himmel.
Heupferd übt den Weitsprung bis zum Kümmel.
Ein Kamillebusch öffnet zwei Blüten.
Sommerfliegen flitzen
über Storchschnabelmützen.
Hummeln brummeln im Honighaus
ein und aus.
Glockenblumen bammeln und bummeln.
Unten am Löwenzahn geigt eine Grillenschnarre.
Der Wind spielt mit den Halmen Harfe oder Gitarre,
alles regt sich oder bewegt sich,
alles, was da lebt und schwebt,
leuchtet, knistert, flüstert, brummelt, bummelt.
Was ist eine Wiese? –
Das ist eine Wiese.

Friedl Hofbauer

- ● Welche Verben findest du im Gedicht? Schreibe sie heraus.
- ● Welche Pflanzen kommen im Gedicht vor?
- ○ Ihr könnt ein eigenes Pflanzenbuch anlegen.

Der Wolkenpolterer geht um

Grad hab ich noch auf der Wiese getollt,
jetzt hör ich schon, wie der Donner grollt.

Der Himmel ist lila. Alles ist stumm.
Nur der Wolkenpolterer geht jetzt um.

Grad hat noch ein Wind wild herumgeweht,
jetzt spür ich, wie alles stille steht.

Da zuckt ein Blitz auf! Und bumbumbarum!,
geht der Wolkenpolterer wieder um.

Durch den prasselnden Regen schnell nach Haus,
was für ein Spaß! Es macht mir nichts aus.

Und da! Noch ein Blitz! Und bumbumbarum!,
geht der Wolkenpolterer wieder um.

Sylvia Keyserling

- Sprich das Gedicht mit deutlicher Betonung.
- Du kannst die Betonung mit Geräuschen verstärken.
- Vergleiche die beiden Sommergedichte.

Ameisen

Ameisen gehören zu den Insekten. Wir begegnen meistens der Gelben Wiesen-ameise, der Schwarzen Wegameise oder der Roten Waldameise. Jede Art lebt in einer großen Gemeinschaft miteinander.

Die männlichen Ameisen begleiten die Königin beim Hochzeitsflug. Sie sorgt für den Nachwuchs, indem sie ihr Leben lang Eier legt. Nach dem Flug verliert sie die Flügel und lebt nun im Inneren des Ameisenbaus.

Weibliche Ameisen sind Arbeiterinnen. Einige bewachen die Eier, aus denen sich die Larven entwickeln. Dann füttern sie diese. Andere halten den Bau sauber, erweitern ihn und bessern Schäden aus. Außerdem wehren sie Feinde ab.

Ein Ameisenvolk vertilgt viele schädliche Insekten im Garten. Im Sommer werden sie jedoch häufig durch süße Düfte ins Haus gelockt. Ameisen bilden lange Straßen, um z. B. ihre Nahrung in den Bau zu transportieren.

- ● Erzähle, was du über Ameisen erfahren hast.
- ○ Du kannst dir auch Stichwörter aufschreiben.

AH S. 79

Die Ameise und die Grille

Es war Sommer. Vergnügt saß die Grille auf einem Stein und zirpte aus vollem Herzen. Dabei beobachtete sie die Ameise, die sich keine Ruhe gönnte. Emsig lief sie auf ihrem Weg hin und her. Dabei trug sie Material, um ihren Bau zu sichern. Auch Samen und Früchte brachte sie unter großer Anstrengung in ihre Vorratskammern. Dann aber kam der Winter. Schnee fiel vom Himmel. Die Grille hockte vor ihrem Loch, zitterte und hatte großen Hunger. Anders die Ameise. Sie konnte die kalten Tage behaglich abwarten. Da bat die Grille die Ameise, ihr doch etwas Speise abzugeben, da sie sonst sterben müsse. Doch die Ameise sprach zu ihr: „Was hast du im Sommer getan? Warum hast du da nicht an den Winter gedacht?" Darauf antwortete die Grille: „Ich habe gesungen und mit meinem Gesang die Wanderer erfreut." Da lachte die Ameise und rief: „So magst du jetzt tanzen!"

nach Aesop

Ameisenkinder

Wer hat Ameisenkinder gesehn?
Können sie nach sechs Tagen schon gehn?
Laufen die Ameisenbabys geschwinder
als zum Beispiel Mistkäferkinder?
Kriegen sie schon einen Klaps auf den Po?
Ach, meine Lieben, die Sache ist so:

Wer Ameisenkinder sah, ganz kleine.
Der lügt,
der betrügt!
Es gibt nämlich keine.

James Krüss

Der Zettel hinterm Spiegel

Diese Geschichte passierte am Schwarzen Meer, dort, wo die Leute bulgarisch sprechen und wo sich der Sommer unter einem Feigenblatt ausruht.
Susanne spricht nicht bulgarisch. Sie wohnt in Leipzig. Mit den Eltern war sie ans Schwarze Meer gefahren. Eigentlich war sie nicht gefahren, sondern mit dem Flugzeug geflogen.
Viele Urlauber trafen gleichzeitig mit Susanne und den Eltern ein, betrachteten sich gegenseitig voller Neugier und breiteten sich über das ganze Hotel aus, in dem sie in den nächsten vierzehn Tagen wohnen sollten. Susanne stürmte auf den Balkon, von wo sie das Meer sehen konnte. Es war genau so blau wie die Ostsee. Auf dem Nachbarbalkon stand schon ein kleiner Junge, kleiner als Susanne, und grinste sie an. Gerade wollte sie ihn nach seinem Namen fragen, da wurde sie von der Mutter ins Bad geschickt zum Händewaschen.
Und im Bad entdeckte sie ihn, den Zettel hinter dem Spiegel! Susanne zog das rosa Papierchen hervor, faltete es auseinander und vergaß, sich die Hände zu waschen. Ein bisschen krumm und schief hatte jemand grüne Buchstaben auf den Zettel gemalt. Zwar kannte Susanne schon alle Buchstaben, aber diese Worte konnte sie nicht lesen.
Auch Vati und Mutti konnten sie nicht lesen. „Bulgarisch ist es nicht", meinte Mutti nur.
Susanne ärgerte sich, dass Vati den Zettel gleichgültig beiseite schob und an seinem Fotoapparat bastelte. Sicher war die Nachricht ungeheuer wichtig. Sonst hätte man sie ja nicht aufgeschrieben.
Nebenan rief jemand nach Michalko. Aha! Michalko hieß der kleine Junge. Susanne trat wieder hinaus auf den Balkon und rief auch: „Michalko!"
Tatsächlich erschien der Junge.
„Kannst du schon lesen?", fragte sie ihn und hielt ihm den Zettel hin.
Er schüttelte den Kopf. „Ich gehe noch nicht in die Schule. Aber mein Papa kann lesen." Michalko nahm das Zettelchen, verschwand im Zimmer, und Susanne hörte erstaunt, dass der Junge dort mit seinem Vater in einer fremden Sprache redete. Mit seiner Mutter unterhielt er sich genauso wie mit Susanne. Dann lachten alle drei vergnügt.

Michalko kam mit dem Zettelchen zurück und erklärte Susanne: „Du sollst die weiße Katze mit der schwarzen Nase füttern. Sie mag auch saure Milch. Nur Tomaten mag sie nicht. Das hat dir Jana aus Prag geschrieben."

„Was für eine Jana?", fragte Susanne.

„Na eben eine Jana. Kennst du sie denn nicht?"

„Nein", sagte Susanne. „Aber ist ja auch egal. Ich werde die Katze füttern. Und wenn du sie nicht am Schwanz ziehst, darfst du ihr auch mal ein Stückchen Wurst geben."

„Und wo ist sie, diese Katze?"

„Wir werden sie schon finden."

Susanne und Michalko brauchten nicht lange zu suchen. Auf der Treppe neben dem Hoteleingang saß jeden Mittag eine weiße Katze mit einer schwarzen Nase und wartete geduldig. Nach zwei Tagen lief sie den beiden Kindern, die unzertrennlich geworden waren, entgegen. Und bevor Susanne, braungebrannt und erholt, mit ihren Eltern nach Hause zurückkehrte, schrieb sie vorsichtshalber in Schönschrift auf die Rückseite des rosa Zettels: Bitte füttere die weiße Katze mit der schwarzen Nase. Sie mag auch saure Milch. Nur Tomaten mag sie nicht. Denn auch Michalko fuhr zurück nach Bratislava, und wer sonst sollte die wichtige Nachricht übersetzen lassen, die Susanne für den nächsten Feriengast hinter den Spiegel steckte.

Brigitte Birnbaum

- Wo verbringen Susanne und ihre Eltern die Ferien? Suche dieses Land auf einer Karte oder einem Globus.
- Welche Menschen oder Tiere hast du schon im Urlaub kennengelernt? Erzähle.
- Ihr könnt ein Buch mit euren Feriengeschichten gestalten.

AH S. 80

Substantive

Auch **Gefühle und Gedanken** werden durch **Substantive** ausgedrückt. Sie werden wie alle Substantive großgeschrieben und haben Artikel: der Streit, die Idee, das Glück.

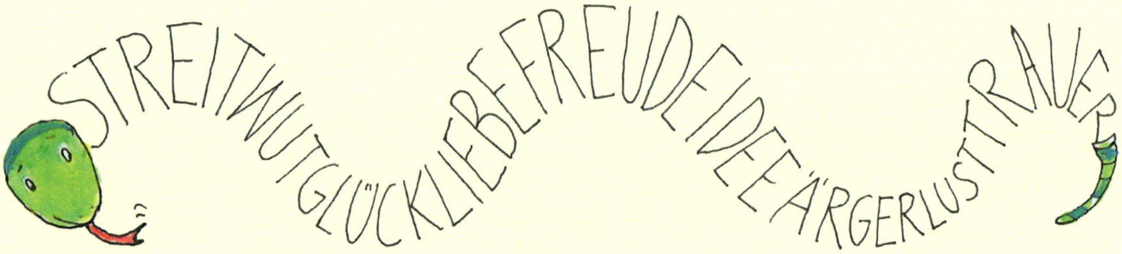

❶ Schreibe die Substantive aus der Wörterschlange mit Artikel auf.

❷ Bilde mit fünf dieser Substantive Sätze.

Mit den Nachsilben **-heit**, **-keit**, **-nis** und der Endung **-ung** kann man Substantive bilden. Sie werden deshalb großgeschrieben.

❸ Bilde Substantive mit den Nachsilben -heit, -keit und -nis.
Unterstreiche die Nachsilben.
Schreibe so: *gesund – die Gesundheit, …*

gesund · faul · heiser · geheim · hindern · einsam
krank · frech · sauber · erlauben · traurig · heiter

❹ Bilde Substantive mit der Endung -ung.
Unterstreiche die Endung.
Schreibe so: *rechnen – die Rechnung, …*

rechnen · ordnen · kreuzen · stören · warnen · zeichnen · tarnen

Zusammengesetzte Substantive

Substantive können aus mehreren einzelnen Substantiven bestehen. Der Artikel des zusammengesetzten Substantivs richtet sich immer nach dem zweiten Substantiv.

Tür – Schloss | Zimmer – Decke | Garten – Arbeit | Sommer – Ferien

1. Bilde zusammengesetzte Substantive. Schreibe sie mit Artikel auf.
2. Schreibe mit jedem Substantiv einen Satz auf.

Maro geht ins Zimmer der Kinder.
Dort sucht er sein Auto der Polizei.
Er findet es unter der Decke des Bettes.
Da klopft seine Mutter an die Tür des Zimmers.

3. Bilde aus den langen Ausdrücken zusammengesetzte Substantive. Schreibe den Text auf. Unterstreiche die zusammengesetzten Substantive. Schreibe so: *Maro geht ins Kinderzimmer.*

Manche zusammengesetzten Substantive werden mit **-s** oder **-es** verbunden.

Geburt – Tag | Jahr – Zeit | Freundschaft – Band
Freund – Kreis | Verkehr – Zeichen | Mittag – Pause
Unterricht – Stunde | Glück – Rad | Tag – Plan

4. Bilde zusammengesetzte Substantive. Unterstreiche -s oder -es farbig. Schreibe so: *die Geburt, der Tag: der Geburtstag, …*
5. Schreibe mit jedem zusammengesetzten Substantiv einen Satz.

Pronomen

Für Substantive kann man **Pronomen (Fürwörter)** einsetzen:
ich, du, er/sie/es, wir, ihr, sie.
Pronomen richten sich **nach dem Artikel** des Substantivs:
der Mann – **er**, **die** Frau – **sie**, **das** Kind – **es**, **die** Kinder – **sie**.
Mit Pronomen kann man Wortwiederholungen vermeiden.

Maro ist mit seinem Freund Tim im Zeltlager.
Er schreibt seiner Oma:

Liebe Oma,
Tim schläft auch in meinem Zelt. Tim erzählt mir immer Witze.
Gestern waren wir an einem See. Der See liegt mitten im Wald.
Dort gab es viele Enten. Wir haben die Enten gefüttert.
Auf einmal kam ein Schwan. Der Schwan hat alle Enten vertrieben.
Dein Maro

❶ Schreibe den Brief auf.
Ersetze dabei die unterstrichenen Substantive durch Pronomen.

Die **Anredepronomen „Sie“**, **„Ihr“**, **„Ihre“** und **„Ihnen“** werden großgeschrieben.

Maro schreibt auch an seine Lehrerin:

Liebe Frau Lepper,
viele Grüße sendet ___ ___ Schüler Maro. Ich bin mit Tim zusammen im Zeltlager. Da werden ___ nach den Ferien staunen, was wir ___ alles berichten können. Ich wünsche ___ noch schöne Ferientage.
Tim lässt ___ schön grüßen.
Herzliche Grüße, ___ Maro

❷ Schreibe den Brief mit den richtigen Anredepronomen auf.
Unterstreiche diese farbig.

Verben

Das Verb gibt an, in welcher Zeit etwas geschieht.
Das **Präsens** (die **Gegenwart**) zeigt an,
dass etwas jetzt stattfindet: Er **schreibt**.
Das **Präteritum** (die **einfache Vergangenheit**) zeigt an,
dass etwas vor längerer Zeit stattfand: Er **schrieb**.

In den Ferien fährt Maro ins Zeltlager.
Alle Kinder schlafen in Zelten.
Sie fahren zu einem See.
Dort füttern Tim und Maro die Enten.
Maro schreibt viele Briefe.
Am Lagerfeuer singen die Kinder lustige Lieder.

1. Schreibe den Text ab.
2. Unterstreiche die Verben.
3. Schreibe den Text im Präteritum auf.

Das **Perfekt** (die **vollendete Gegenwart**) zeigt an, dass etwas bereits vorbei ist. Es wird mit den Hilfsverben „haben“ oder „sein“ gebildet und meist beim mündlichen Erzählen benutzt:
Ich **habe** ein Buch **gelesen**. Er **ist** in die Schule **gegangen**.

Nach den Ferien erzählen Maro und Tim von ihren Erlebnissen:

Zelte aufbauen | Fußball spielen | Ausflüge machen
Lieder singen | Briefe schreiben | Würstchen grillen

4. Bilde Sätze im Perfekt.
Schreibe so: *Wir haben Zelte aufgebaut …*

Adjektive

Mit Adjektiven kann man vergleichen:
- genauso **weit** wie … (Grundstufe)
- **weiter** als … (Mehrstufe)
- **am weitesten** … (Meiststufe).

hoch weit klug schön gut eng kalt spät groß fleißig leicht

Grundstufe	*Mehrstufe*	*Meiststufe*
hoch	*höher*	*am höchsten*

❶ Zeichne die Tabelle in dein Heft. Ergänze die Vergleichsstufen. Unterstreiche die Veränderungen.

❷ Welches Adjektiv verändert sich am meisten?

Ob ein Wort mit **-ig** oder **-lich** geschrieben wird, hörst du, wenn du es verlängerst: fröhlich – fröhliche, selig – selige.

ehr- freund- schmutz- täg- fleiß- eil- mut- deut- art- pünkt-

❸ Schreibe die Wörter mit der richtigen Nachsilbe untereinander auf.

❹ Schreibe dann so daneben: *ehrlich – der ehrliche Finder, …*

Die Vorsilbe **un-** verkehrt Wörter oft ins Gegenteil: klar – unklar.

Tim hat eine ordentliche Schrift. Die Buchstaben schreibt er deutlich. Die Wortabstände sind gleichmäßig. Die Lehrerin ist zufrieden.

❺ Schreibe die Sätze ab. Unterstreiche die Adjektive.

❻ Schreibe die Sätze mit den gegenteiligen Adjektiven auf.

Vorsilben

Vorsilben sind Bausteine, die einem Wort vorangestellt werden.
Durch Vorsilben kann die Bedeutung von Wörtern verändert werden.
Vorsilben sind zum Beispiel: **ver-**, **ab-**, **ent-**:
verschließen, **ab**schließen, **ent**schließen,
Verschluss, **Ab**schluss, **Ent**schluss.

ver-
ab-
ent-
vor-

fahren | stehen | laufen | sprechen | kommen | machen

❶ Bilde sinnvolle Verben und schreibe sie auf.
Schreibe so: *fahren: verfahren, …*

Bei dem Lärm kann ich dich nicht ___.
Hoffentlich werden wir uns im Wald nicht ___.
Lotta will einen Trick ___.
Wir müssen von der Autobahn ___.
Der Dieb konnte der Polizei ___.

❷ Schreibe die Sätze mit den passenden Verben auf.

❸ Bilde fünf eigene Sätze mit den Verben.

Die Vorsilben **Ver-/ver-** und **Vor-/vor-** schreibt man immer mit V/v.

❹ Setze die Vorsilben Ver-/ver- oder Vor-/vor- ein.
Schreibe die Sätze ins Heft.

Auf der Straße ist heute viel ___kehr.
Deshalb müssen alle besonders ___sichtig sein.
Jeder Fahrer sollte die ___fahrt beachten.
In fremden Städten kann man sich leicht ___fahren.

Rechtschreibhilfen

Wörter werden nach Sprechsilben getrennt. Jede Sprechsilbe enthält mindestens einen Vokal. Doppelkonsonanten werden meist zwischen diesen getrennt: ren-nen, aber: ge-rannt.

Gewitterregenwetter   Unterwasserfahrzeug   Kartoffelpufferrezepte
Wassermelonenkerne   Halskettenverschluss   Wasserfarbenkasten

1 Schreibe die Wörter ab und setze die Silbenbögen.
Markiere die Vokale.

Hörst du nach einem kurz gesprochenen Vokal oder Umlaut ein k, so schreibst du meist **ck**.
Man darf **ck nicht trennen**, weil **ck *ein* einziger Laut** ist: pa-cken.

2 Klingt der markierte Vokal kurz oder lang?
Schreibe die Wörter untereinander auf.
Markiere die Vokale: *das Paket, die Mücke, …*

Pa▒et   Mü▒e   Brü▒e   Kra▒e   Sa▒   Zu▒er

3 Schreibe die Wörter nach Silben getrennt daneben auf.

Hörst du nach einem kurz gesprochenen Vokal oder Umlaut ein z, so schreibst du meist **tz**: Hi**tz**e, kra**tz**en.
Man kann **tz trennen**, weil **tz** aus **zwei Lauten** besteht:
Hit-ze, krat-zen.

Die Katze hebt eine Tatze.   Ich schwitze in der Hitze.
Meine Mütze liegt in der Pfütze.   Von der Spitze sieht man Blitze.

4 Schreibe die Sätze in Silben getrennt auf: *Die Kat-ze …*

Wird in einem Wort ein Vokal oder Umlaut lang gesprochen, folgt oft ein Dehnungs-h.

Fahrzeug Zahl Fahrgast Zähler Jahr wohnen
Jahrmarkt jährlich Wohnung fahren wohnlich zahlen

1. Schreibe die Wörter ab.
Markiere den lang gesprochenen Vokal oder Umlaut und unterstreiche das Dehnungs-h.

2. Je drei Wörter gehören zur selben Wortfamilie.
Schreibe so: *das Fahrzeug – der Fahrgast – fahren, …*

Nach einem kurz gesprochenen Vokal oder Umlaut steht ss: e**ss**en, Kü**ss**e.
Nach einem lang gesprochenen Vokal, Umlaut oder Zwielaut steht meist ß: Stra**ß**e, sü**ß**, hei**ß**.

3. Wird der markierte Laut kurz oder lang gesprochen?
Schreibe die Wörter richtig untereinander auf. Setze ss oder ß ein.

gie…en **Nu**… **Fu**… **Ku**… **fa**…en **Flo**… **sü**… **Ta**…e **Me**…er

4. Ergänze neben den Substantiven die Mehrzahl.

Folgen mehrere Konsonanten wie **Pfl/pfl**, **Str/str**, **Spr/spr** in einem Wort, musst du besonders genau lesen: **Pfl**anze, **Str**aße, **spr**ingen.

Springer springen sprachlos vom Sprungbrett.
Pflichtbewusst pflücke ich ein Pfund Pflaumen.
Sonnenstrahlen streifen die struppigen Sträuße.
Frau Strack strickt gestreifte Strümpfe am Strand.

5. Ordne die Wörter mit Pfl/pfl, Str/str und Spr/spr in eine Tabelle ein.

Rechtschreibhilfen

> Bei manchen Wörtern kannst du durch **Ableiten** die Schreibweise erkennen. Wörter mit **ä/äu** haben ein verwandtes Wort mit **a/au**: das L**a**nd – die L**ä**nder, das H**au**s – die H**äu**ser.

die M▒▒se die B▒nder die Bl▒tter die B▒▒me die Tr▒▒me

❶ Schreibe die Substantive ab. Bilde die Einzahl: *die Maus – die Mäuse*

> Die richtige Schreibung von Verben kannst du durch Verlängern feststellen: b/p: le**?**t – le**b**en, also le**b**t auch mit b; g/k: le**?**t – le**g**en also le**g**t auch mit g.

kle▒t hu▒t glau▒t blei▒t pum▒t schrei▒t

❷ Schreibe die Verben ab. Setze b/p richtig ein: *kleben – er klebt, …*

win▒t tan▒t fän▒t fra▒t sa▒t trin▒t brin▒t

❸ Schreibe die Verben ab. Setze g/k richtig ein: *winken – sie winkt, …*

> Wörter kannst du in Silben und Wortbausteine zerlegen. Wenn du dir deren Schreibung einprägst, kannst du viele Wörter selbstständig bilden und richtig schreiben.

die Ver | los | ung

- die Vorsilbe ver- schreibt man immer mit v
- den Wortstamm -los- schreibt man immer ohne h
- die Endung -ung
- -ung und Artikelprobe: Großschreibung

vorsagen Vorfreude verbindlich Erlebnis freundlich

❹ Schreibe die Wörter ab. Gliedere sie in ihre Wortbausteine.
Schreibe so: *vor | sag | en: Vorsilbe | Wortstamm | Endung*

Satzglieder

> Ein Satz setzt sich aus **Satzgliedern** zusammen. Satzglieder bestehen aus einem Wort oder mehreren Wörtern. Die Wörter eines Satzgliedes bleiben beim Umstellen immer zusammen.

Der Unterricht in unserer Klasse beginnt montags mit dem Morgenkreis.

1. Schreibe den Satz ab. Trenne die Satzglieder durch Striche.
2. Stelle den Satz um. Jedes Satzglied soll einmal am Satzanfang stehen.

Lisa erzählt <u>aufgeregt</u> von einem Ausflug in den Zoo.
Sie hat im Zoo <u>viele Tiere</u> gesehen.
Am besten hat ihr <u>der Streichelzoo</u> gefallen.
Sie hat <u>dort</u> kleine Ziegen gefüttert.

3. Stelle die Sätze so um, dass die unterstrichenen Wörter vorne stehen.
   Schreibe die umgestellten Sätze ins Heft.

> Auf die Frage **Wer?** oder **Was?** antwortet das **Subjekt** (der Satzgegenstand): Im Wald leben viele Tiere.
> **Wer** lebt im Wald? Im Wald leben **viele Tiere**.

______ versteckt im Herbst seine Vorräte.
In einem Bau unter der Erde lebt ______.
______ baut sich ein Nest im Stamm.
Bei Gefahr rollt sich ______ zusammen.

der Igel | das Eichhörnchen | der Fuchs | der Specht

4. Schreibe die Sätze mit den richtigen Subjekten auf.

Das Eichhörnchen lebt auf Bäumen. Es frisst Nüsse und Beeren.
In der Dunkelheit verlässt der Fuchs seinen Bau unter der Erde.
In vielen Gärten leben Igel. Am liebsten vertilgen sie Regenwürmer, Schnecken und Fallobst.

5. Schreibe die Sätze ab. Erfrage das Subjekt und unterstreiche es.

Auf die Frage **Was tut jemand?** oder **Was geschieht?** antwortet das **Prädikat** (die Satzaussage).
Die Katze spielt mit dem Ball.
Was tut die Katze? Die Katze **spielt** mit dem Ball.

Ein kleiner Vogel sitzt auf dem Baum.
Die Katze schleicht durch das Gras.
Der Vogel sieht die Katze.
Schnell fliegt er in die Luft.

1. Schreibe die Sätze ab.
2. Erfrage in jedem Satz das Prädikat und gebe es an.
   Schreibe so: *Was tut ein kleiner Vogel? – sitzt*

Das Prädikat kann auch aus zwei Teilen bestehen:
Lotta will eine Katze streicheln.
Was tut Lotta? Lotta **will** eine Katze **streicheln**.
Der Vater liest eine Geschichte vor.
Was tut der Vater? Der Vater **liest** eine Geschichte **vor**.

können abholen | lieben | müssen bleiben | hat bekommen | wünschen

Alle Kinder … Tiere.
Unsere Katze … fünf Junge ….
Meine Freunde … sich nun auch eine kleine Katze.
Die Katzenkinder … noch acht Wochen bei der Mutter ….
Dann … meine Freunde ihre Kätzchen ….

3. Schreibe die Sätze auf.
   Setze dabei die passenden Prädikate ein.
4. Unterstreiche die Prädikate farbig.

Auf die Frage **Wann?**, **Wie lange?** oder **Seit wann?** antwortet die **Bestimmung der Zeit**: Der Unterricht endet um 13 Uhr.
Wann endet der Unterricht? Der Unterricht endet **um 13 Uhr**.

Im Mittelalter gab es Ritter und Burgen. Lena geht um 17 Uhr zum Judo.
Seit gestern haben wir Ferien. Ich fahre zwei Wochen in den Urlaub.
Ich habe am 25. Oktober Geburtstag. Am Freitag gehen wir ins Theater.

1. Schreibe die Sätze ab.
2. Erfrage in jedem Satz die Zeitbestimmung und gebe sie an.
Schreibe so: *Wann gab es Ritter und Burgen? – im Mittelalter*

Auf die Frage **Wo?**, **Woher?** oder **Wohin?** antwortet die **Bestimmung des Ortes**: Auf der Straße fährt ein Auto.
Wo fährt ein Auto? **Auf der Straße** fährt ein Auto.

Der Bleistift liegt ░░░.	auf dem Schulhof
Die Lava strömt ░░░.	zum Badesee
Das Wasser sprudelt ░░░.	unter dem Tisch
Unser Auto steht ░░░.	vor der Garage
Die Kinder spielen ░░░.	aus der Quelle
Die Familie radelt ░░░.	aus dem Vulkan

3. Schreibe die Sätze ab.
Ergänze dabei die Bestimmungen des Ortes.
4. Stelle die Sätze so um, dass die Ortsbestimmung am Anfang steht.

Subjekt und Prädikat bilden zusammen den **Satzkern** eines Satzes:
Maro liest.
Der Satzkern kann mit weiteren Satzgliedern ergänzt werden:
Maro liest ein Buch.

1. Bilde sinnvolle Sätze und unterstreiche die Satzkerne farbig.

Die Katze	schwimmt	um 8 Uhr	zur Schule
Lotta	laufen	in der Nacht	im Freibad
Die Kinder	schleicht	im Sommer	durch den Garten

Durch das **Ergänzen weiterer Satzglieder**
kann man genauere Informationen geben.

2. Schreibe fünf Sätze, indem du immer ein Satzglied hinzufügst.

Maro liest.

am Nachmittag | ein Buch | von Cornelia Funke | in der Bibliothek

3. Stelle einen Satz so um, dass jedes Satzglied einmal vorne steht.

Durch die **Umstellung von Satzgliedern** kannst du
abwechslungsreicher erzählen.
So kannst du Satzanfänge unterschiedlich gestalten.

Die Kinder rennen in der Pause auf den Schulhof.
Sie wollen **heute** Fußball spielen.
Sie wählen **zuerst** die Mannschaften.
Sie spielen **bis zum Ende der Pause**.

4. Stelle die Satzglieder so um, dass jeweils die dick gedruckten Wörter am Satzanfang stehen.

5. Unterstreiche die Satzglieder farbig.

Sätze

Bei Fragesätzen ohne Fragewörter steht das Verb am Satzanfang.

Die Fußballer kommen auf das Spielfeld. Alle warten auf den Anstoß. Das Spiel beginnt mit dem Anpfiff.

1 Schreibe die Sätze ab. Unterstreiche die Verben.

2 Bilde aus den Aussagesätzen Fragesätze: *Kommen die Fußballer …?*

Werden Wörter oder Wortgruppen aufgezählt, trennen wir sie durch ein Komma. Vor **und**, **oder**, **sowie** setzen wir kein Komma:
Der Igel frisst Schnecken, Mäuse **und** Würmer.

Ich spiele Rugby Volleyball sowie Fußball. Samstags sonntags oder mittwochs finden die Fußballspiele statt. Bisher haben Luca Toni und Kevin die meisten Tore geschossen.

3 Schreibe die Sätze ab. Setze die Kommas.
Unterstreiche und, oder, sowie.

Sätze können durch **Bindewörter** miteinander verbunden werden.
Solche Bindewörter sind zum Beispiel **aber**, **denn** und **weil**.
Vor diesen Bindewörtern steht ein **Komma**:
Tim möchte draußen spielen**, aber** es regnet.

Paul steht immer um 7 Uhr auf. — Er muss um 8 Uhr in der Schule sein.

Sein Wecker hat schon geklingelt. — Paul schläft immer noch.

Paul rennt zur Schule. — Er möchte nicht zu spät kommen.

4 Bilde aus den zwei nebeneinander stehenden Sätzen einen Satz.
Verbinde sie mit aber, denn oder weil.

5 Schreibe die Sätze auf. Markiere das Komma und das Bindewort farbig.

Wörtliche Rede

Was man spricht, heißt **wörtliche Rede**.
Man setzt die wörtliche Rede in **Anführungszeichen**.
Der **Begleitsatz** gibt an, wer und wie jemand spricht.
Steht der **Begleitsatz vor der wörtlichen Rede**, wird er durch einen **Doppelpunkt** von der wörtlichen Rede getrennt.
Tim fragt: „Wie spät ist es?“
Steht der **Begleitsatz hinter der wörtlichen Rede**, wird er immer durch ein **Komma** von der wörtlichen Rede getrennt.
„Wie spät ist es?“, *fragt Tim*.

Ist das die Neue? , fragt Jonas.
Sarah antwortet: Ja.
Jonas meint: Ich finde, sie sieht sehr nett aus.
Du kannst neben mir sitzen! , ruft Jana.
Die Neue sagt: Ich bin Maria und komme aus Rostock.
Willst du mit uns Handball spielen? , erkundigt sich Jana.

1. Schreibe den Text ab und setze die Zeichen der wörtlichen Rede.
2. Unterstreiche farbig, was die Kinder sagen.
3. Unterstreiche die Begleitsätze in einer anderen Farbe.

4. Schreibe in wörtlicher Rede auf, was die Kinder sagen.
Formuliere passende Begleitsätze: *Jana fragt: „Willst … ?“*

Sachtext

Sachtexte enthalten **Informationen** zu einem Thema.
Sie beschränken sich auf **wesentliche Aussagen**.

Der gefährliche Löwe Leo mit seiner majestätischen Mähne lebt mit seiner Familie in einem der schönsten Gebiete Afrikas. Eines Tages jagt er mit seinem kleinen Bruder Lukas die Antilope Blitzi …

Löwen leben in Rudeln von bis zu 30 Tieren in den Savannen Afrikas. Die Männchen sind an ihrer Mähne leicht zu erkennen. Die Beutetiere der Löwen sind unter anderem Antilopen, Gazellen und Zebras.

❶ Schreibe den sachlich formulierten Text ab.

❷ Du kannst die Geschichte vom Löwen Leo fortsetzen.

Zebra
- *lebt in offenen Graslandschaften Afrikas*
- *gehört zur Gattung der Pferde*
- *ließ sich nicht zähmen (kein Reittier)*
- *schwarz-weiße Streifen zur Tarnung vor Feinden*

❸ Schreibe aus den Stichworten einen Sachtext über das Zebra.

④ Du kannst den Text durch Informationen aus einem Lexikon oder dem Internet erweitern.

Schreibtipps

Eine Geschichte besteht meist aus einer **Einleitung**, einem **Hauptteil** und einem **Schluss**.

Da trotteten die beiden Löwen hungrig nach Hause zurück und beschlossen, niemandem von der Jagd nach Blitzi zu erzählen.

Eines Tages gingen die Löwenbrüder Leo und Lukas gemeinsam auf die Jagd. Sie waren schon den ganzen Tag auf der Suche nach Beute.

Auf einmal entdeckten sie im Schatten eines großen Baumes die Antilope Blitzi. Sie graste. …

1. Welcher Teil ist die Einleitung, der Hauptteil und der Schluss?

2. Schreibe den Hauptteil ab und setze ihn so fort, dass er mit dem vorgegebenen Schluss endet.

Schreibtipps für Bildergeschichten

1. Überlege, was in der Geschichte passiert. Mache dir Stichpunkte.
2. Erzähle mit vielen Einzelheiten zu jedem Bild.
3. Nutze verschiedene Satzanfänge.
4. Gebrauche die wörtliche Rede. Verwende unterschiedliche Verben und Adjektive.
5. Finde eine Überschrift, die neugierig macht.

3. Schreibe eine Geschichte zu den Bildern. Denke dir auch ein passendes Ende aus.

4. Hast du die Schreibtipps beachtet?

Schreibtipps für die Beschreibung eines Vorgangs

1. Schreibe in der ich-Form.
2. Gib in der Einleitung alle Dinge an, die du benötigst.
3. Beschreibe im Hauptteil jeden Schritt ganz genau.
4. Benutze abwechslungsreiche Satzanfänge.
5. Halte die richtige Reihenfolge ein.
6. Schreibe zum Schluss auf, was du damit machen kannst.

Tee kochen

Du brauchst:
Wasserkocher, Wasser, Teebeutel, Tasse, Löffel, Milch oder Zucker

❶ Beschreibe deinem Nachbarn, wie du deinen Tee kochst.

❷ Schreibe den Vorgang auf. Hast du die Schreibtipps beachtet?

Schreibtipps für Reizwortgeschichten

1. Die Reizwörter sollen eine wichtige Rolle spielen.
2. Beginne mit einer kurzen Einleitung.
3. Binde alle Reizwörter in eine sinnvolle Geschichte ein.
4. Überlege dir ein Ende.
5. Denke dir eine passende Überschrift aus.

Sturm | Zelt | fliegen | suchen | lustig

❸ Schreibe mit den Reizwörtern eine Geschichte.

❹ Hast du die Schreibtipps beachtet?
Du kannst die Geschichte einem Partner vorlesen.

Schreibtipps für Erlebniserzählungen

1. Schildere in einer kurzen Einleitung, **wo** und **wann** das Erlebnis stattfand und **wer** beteiligt war.
2. Erzähle im Hauptteil, **was** passierte.
   Schildere nur ein einziges Erlebnis mit allen Einzelheiten.
3. Erzähle im Präteritum.
4. Gebrauche durchgängig die ich-Form oder die er/sie-Form.
5. Verwende die wörtliche Rede, in der die Personen ihre Gefühle und Gedanken bei dem Erlebnis ausdrücken.
6. Beschreibe in einem kurzen Schluss, wie das Erlebnis endete.

Mein Haustier | Ein toller Ausflug | Auf dem Schulhof | Der Streit

❶ Schreibe zu einer der Überschriften eine Geschichte.

❷ Hast du die Schreibtipps beachtet?
Du kannst deine Geschichte in der Schreibkonferenz vorlesen.

Schreibtipps für Briefe

1. Schreibe oben rechts den Ort und das Datum.
2. Beginne links mit einer Anrede wie „Liebe …“ oder „Lieber …“ oder „Sehr geehrte …“ oder „Sehr geehrter …“.
3. Schließe mit einer Grußformel wie „Viele Grüße“ oder „Mit freundlichem Gruß“.

Lotta schreibt an ihre Tante:

Mir gefällt es auf der Klassenfahrt sehr gut.
Wir waren auch auf einer Burg.
Bis bald

❸ Was hat Lotta in ihrem Brief nicht beachtet?

❹ Schreibe Lottas Brief in der richtigen Form auf.

Texte überarbeiten

Marie hat einen Text am Computer geschrieben.
Nun überarbeitet sie den Ausdruck:

Ich lese oft lustige Bücher. Ich lese oft | Bücher.	❶ Adjektiv einsetzen
Häufig gehe ich ins Kino. Ich gehe ~~oft~~ ins Kino.	❷ Gleiche Satzanfänge ❸ Wortwiederholungen
Ich laufe mit meinem Hund zu Tim. Ich ~~gehe~~ mit meinem Hund zu Tim.	❹ Wortwiederholungen
Er bellt manchmal sehr laut. ~~Mein Hund~~ belt | .	❺ Wortwiederholungen ❻ Rechtschreibfehler ❼ Satzverlängerungen

So kannst du Texte überarbeiten

1. Mit treffenden Adjektiven kannst du genauer beschreiben: Welche Bücher lese ich gern? → **lustige** Bücher
2. Gleiche Satzanfänge kannst du durch Satzumstellung verändern. Das Subjekt (**Ich ...**) sollte nicht immer den Satz einleiten.
3. Tausche sich wiederholende Wörter mit Wörtern gleicher oder ähnlicher Bedeutung aus: **oft** → **häufig**.
4. Ersetze sich wiederholende Verben durch andere, aber passende Verben desselben Wortfeldes: **gehe** → **laufe**.
5. Ersetze Substantive durch die entsprechenden Pronomen: **mein Hund** → **er**.
6. Wende die Rechtschreibregeln an: Wird ein Vokal kurz gesprochen, folgt ein doppelter Konsonant. Schlage auch in der Wörterliste oder im Wörterbuch nach.
7. Mit zusätzlichen Satzgliedern kannst du mehr Informationen geben: Wie bellt der Hund? → **sehr laut**. Bellt er oft? → **manchmal**.

Leselexikon

Aas Unter Aas versteht man die verwesenden Körper von toten Tieren.

Archäologe Ein Archäologe ist ein Wissenschaftler, der nach Spuren vergangener Zeiten sucht. Durch Ausgrabungen von Grundmauern, Werkzeugen, Waffen oder Schmuck findet er heraus, wie die Menschen früher gelebt und womit sie sich beschäftigt haben.

Argumente Argumente sind Punkte für (pro) oder gegen (kontra) eine Sache. Sie werden in Gesprächen und Diskussionen angeführt, um eine Meinung zu bekräftigen oder zu widerlegen.

Attraktionen Eine Attraktion ist ein Anziehungspunkt oder ein außergewöhnliches Ereignis. In Paris ist zum Beispiel der Eiffelturm eine Attraktion. Auf dem Schulfest kann aber auch eine Fahrt mit einem alten Bus eine besondere Attraktion sein.

Bucheckern Bucheckern sind die essbaren, sehr ölhaltigen, dreikantigen Früchte der Buche. Die Buche ist einer der häufigsten Laubbäume in Mitteleuropa. Es gibt sehr viele Arten. Die Rotbuche ist eine der bekanntesten.

Charakterzug Als Charakterzug bezeichnet man die Gesamtheit der Eigenschaften oder Wesenszüge eines Menschen, die ihn von anderen unterscheidet, z. B. ehrlich, freundlich, ruhig, bescheiden, gewissenhaft. Ein Charakterzug ist somit ein besonderes Merkmal einer Person z. B. ehrlich.

Chlorophyll Das Chlorophyll wird auch Blattgrün genannt. Es ist der grüne Farbstoff, der zur Ernährung der grünen Pflanzen nötig ist. Außerdem verleiht das Chlorophyll den Blättern des Baumes ihre grüne Farbe. Im Herbst wird die grüne Farbe in den Stamm zurückgezogen. Daher zeigen sich die Blätter dann gelb, rot und braun.

Deponie
Auf einer Deponie werden große Mengen Abfall über eine lange Zeit gelagert. Mit diesen Müllkippen oder Müllhalden soll erreicht werden, dass die Umwelt möglichst wenig geschädigt wird. Dazu sind technische Anlagen vorhanden, die den Müll sauber trennen und verwerten.

Drüse
In unserem Körper übernehmen verschiedene Zellgruppen bestimmte Aufgaben. Die Gruppen von Zellen, die dabei einen bestimmten Stoff ausscheiden, nennt man Drüsen. Manche Drüsen geben diesen Stoff nach außen ab (Schweißdrüse, Tränendrüse). Andere Drüsen geben ihre Stoffe ins Blut ab (Schilddrüse).

Eingeweide-sack
Der Eingeweidesack befindet sich im Inneren der Schale der Schnecke. Er ist wie die Schale spiralförmig gewunden. In diesem Körperteil befinden sich die inneren Organe.

Fabel
Eine Fabel ist eine Erzählung, in der Tiere miteinander sprechen und handeln wie Menschen. Damit sollen Fehler im Verhalten der Menschen gezeigt werden. Der Leser soll aus der Fabel eine Lehre in Form einer Lebensweisheit ziehen.

Froschmann
Taucher werden manchmal Froschmänner genannt. Wegen ihrer enganliegenden Spezialanzüge und ihrer großen Flossen an den Füßen erinnert ihr Aussehen an Frösche.

Gevatter
Gevatter nannte man im 8. Jahrhundert den Taufpaten. Im 15. Jahrhundert wurde der Begriff als vertrauliche Anrede für den Onkel oder einen guten Freund der Familie gebraucht. Heute ist der Begriff veraltet.

Gischt Wenn auf dem Meer große Wellen entstehen, rollen sich diese an den Spitzen ein und fallen dann wieder in sich zusammen. Bei diesem Vorgang schäumt das Meer auf und es entsteht eine weiße Wassermasse. Diese nennt man Gischt.

Griffel Ein Griffel ist ein Schreibgerät mit dreieckiger Spitze, mit dem in alter Zeit Schriftzeichen in weichen Ton oder auf Wachstafeln gedrückt wurden. Später schrieb man mit Griffeln auf Schiefertafeln. Heute werden sie zum Zeichnen und Malen benutzt.

Haiku Das Haiku ist ein japanisches Gedicht. Mit insgesamt 17 Silben ist es die kürzeste Gedichtform der Welt. Der Inhalt beschäftigt sich meistens mit der Natur.

Käsekrumen Unter Käsekrumen versteht man kleine, bröcklige Käsestücke. Man kann zu Krumen auch Krümel sagen.

Knäuel Das Wort „Knäuel“ kommt von althochdeutsch „kliuwa“ und heißt kugelförmige Masse. Man kennt es im Zusammenhang mit Wolle: Wollknäuel. Knäuel bedeutet soviel wie „Kugel“ und etwas ineinander Verknotetes.

Kornspeicher Ein Speicher ist ein Lagerraum oder ein Haus für Vorräte. In einem Kornspeicher wird Getreide gelagert. Ein großes Problem waren früher die Mäuse, die nicht nur das Korn fraßen, sondern es auch verunreinigten. Deshalb hielt man sich schon im alten Ägypten Katzen, um die Vermehrung der Mäuse einzudämmen.

Lettern Lettern sind Einzelbuchstaben zur Herstellung von Druckformen für den Buchdruck. Sie bestehen vorwiegend aus Blei und können immer wieder zum Drucken verwendet werden. Dazu werden sie einzeln zu einer Buchseite zusammengesetzt.

Lindenblüten Lindenblüten sind die Blüten des Lindenbaums. Sie dienen als Heilmittel bei Erkältungskrankheiten, Fieber und Grippe. Die Blüten duften sehr süß und werden im Juni gesammelt. Die Krone der Linde wird sehr groß. Früher pflanzte man sie deshalb gern auf Versammlungsplätzen.

Mauser Als Mauser bezeichnet man den Wechsel des Federkleides bei Vögeln. Dies geschieht in der Regel nach der Brutzeit im Frühjahr, um die ausgefallenen Federn nachwachsen zu lassen oder in Folge einer Krankheit.

Max-Planck-Institut Das Max-Planck-Institut in Leipzig beschäftigt sich mit der Entstehung und Entwicklung des Menschen. Im Mittelpunkt steht die Zusammenarbeit aller Wissenschaftler aus den unterschiedlichsten Forschungsgebieten. Die Menschenaffenforschung ist ein wichtiges Projekt des Max-Planck-Institutes. Zusammen mit dem Leipziger Zoo wurde deshalb dort 2001 die moderne Menschenaffenanlage gebaut.

Muhme Mit Muhme redete man früher die Schwester der Mutter oder des Vaters an. Es ist also ein anderer Begriff für Tante. Heute wird er nur noch scherzhaft als vertrauliche Anrede für weibliche Verwandte gebraucht.

Pinguin Pinguine gehören zu den Meeresvögeln. Sie können zwar nicht fliegen, aber dafür gut schwimmen und tauchen. Sie leben in den kalten bis mäßig warmen Gebieten auf der südlichen Halbkugel der Erde. Sie fressen Fische und andere Meerestiere. Mit 1,20 m ist der Kaiserpinguin der größte seiner Art.

Prospekt Ein Prospekt ist ein Werbeheftchen oder eine Werbezeitschrift. Damit will man auf etwas aufmerksam machen.

In einem Prospekt stehen Informationen, die die Leute zu etwas anregen sollen, zum Beispiel etwas Bestimmtes zu kaufen oder zu einem bestimmten Ereignis zu gehen.

Rolle In einer Geschichte spielen verschiedene Personen, Tiere und manchmal auch Gegenstände mit. Sie werden im Theater oder Film von Schauspielerinnen und Schauspielern verkörpert. Diese spielen dann ihre Rollen.

Röntgenstation Als Röntgenstation wird ein Apparat bezeichnet, mit dem man Aufnahmen vom Inneren des Körpers machen kann. Auf den schattenhaften Schwarz-Weiß-Bildern kann z.B. ein Arzt sehen, ob ein Knochen gebrochen ist.

Runzeln Runzeln entstehen, wenn sich die Haut in Falten zieht, z.B. am Fuß der Schnecke oder an der Stirn des Menschen.

Sasse Eine Sasse ist eine Vertiefung in der Erde, die sich Hasen graben, um darin vor Wind und Kälte geschützt zu ruhen. Hasen wählen sie so, dass sie die ganze Umgebung überblicken können. Oft werden Sassen deshalb im freien Feld angelegt. Hasen benutzen ihre Sassen nie dauerhaft. Kaninchen bauen sich, im Gegensatz zu Hasen, Höhlen unter der Erde.

Scheuer Scheuer ist ein anderes Wort für Scheune. Das ist ein Gebäude, in dem ursprünglich Heu, also getrocknetes Gras, gelagert wurde. Später wurden in der Scheune auch Geräte für die Garten- und Feldarbeit untergebracht. Unter Scheuer versteht man manchmal auch ein altes, baufälliges Haus.

Schnippchen schlagen Jemandem ein Schnippchen schlagen bedeutet, die Absichten eines anderen zu durchkreuzen.

Skizze Eine Skizze ist eine Vorzeichnung, die von Künstlern als Grundlage für ein späteres Werk verwendet wird. Skizzen werden zum Beispiel mit Bleistift von Malern, Architekten, Musikern oder Mathematikern angefertigt, um Eindrücke oder Ideen festzuhalten.

Symbol Ein Symbol ist ein Zeichen. Es steht stellvertretend für einen Vorgang oder eine Sache. So ist zum Beispiel die weiße Taube das Symbol für Frieden.

Touristen Ein Tourist ist ein Reisender, der in eine andere Gegend fährt, um diese besser kennenzulernen oder sich dort zu erholen. Verreist man im Urlaub zum Beispiel in ein anderes Land oder eine andere Gegend, ist man dort ein Tourist.

Visier Im Mittelalter trugen die Ritter Helme mit einem schwenkbaren Visier. Es war mit einem schmalen Sehschlitz versehen und schützte das Gesicht bei einem Kampf.

Volksmund Vom Volksmund spricht man, wenn von vielen Menschen die gleichen Sachen angenommen oder behauptet werden, die nie auf ihre Richtigkeit überprüft wurden. Diese Sprüche oder häufig auch Redensarten wurden und werden oft über Hunderte von Jahren mündlich weitergegeben und sind nach landschaftlichen Regionen recht unterschiedlich.

Waldmeistersirup Der Waldmeister ist eine krautige Pflanze mit kleinen weißen Blüten. Er wird 15 bis 30 cm hoch. Waldmeister ist eine Würzpflanze und wird z. B. zur Herstellung von Waldmeistersirup verwendet. Der Sirup entsteht aus einer zuckerhaltigen Flüssigkeit. Durch Kochen wird der Wasseranteil geringer. Je mehr Wasser dem Sirup entzogen wird, desto dickflüssiger wird er.

Wörterliste mit den 100 häufigsten Wörtern

A

der Abend, die Abende
aber
abfallen, er fiel ab,
er ist abgefallen
die Abkühlung
abschreiben, er schrieb ab,
er hat abgeschrieben
alle
allein (sein)
als
alt, älter, am ältesten
am
an
anfassen, er fasste an,
er hat angefasst
die Angst, die Ängste
anlegen, er legte an,
er hat angelegt
anschließend
der Apfel, die Äpfel
der April
ärgerlich, ärgerlicher,
am ärgerlichsten
arm, ärmer, am ärmsten
der Arzt, die Ärztin
auch
auf
die Aufgabe, die Aufgaben
aufpassen, er passte auf,
er hat aufgepasst
aufstehen, er stand auf,
er ist aufgestanden
der August
aus
außerdem
der Ausflug, die Ausflüge
sich ausruhen, er ruhte sich aus,
er hat sich ausgeruht
aussehen, er sah aus,
er hat ausgesehen
die Auswahl

B

die Bahn, die Bahnen
das Band, die Bänder
die Bank, die Bänke
begießen, er begoss,
er hat begossen
bei
bekannt, bekannter,
am bekanntesten
bekommen, er bekam,
er hat bekommen
bellen, er bellte, er hat gebellt
belohnen, er belohnte,
er hat belohnt
beobachten, er beobachtete,
er hat beobachtet
das Bett, die Betten
die Beute
bis
das Blatt, die Blätter
blitzen, es blitzte,
es hat geblitzt
bleiben, er blieb,
er ist geblieben
blicken, er blickte,
er hat geblickt
bohren, er bohrte,
er hat gebohrt
böse, böser, am bösesten

breit, breiter, am breitesten
der Brief, die Briefe
bringen, er brachte,
er hat gebracht
die Brücke, die Brücken
das Buch, die Bücher
die Bücherei, die Büchereien
bunt, bunter, am buntesten

C

der Computer, die Computer
der Cousin, die Cousins
die Cousine, die Cousinen

D

da
das Dach, die Dächer
danken, er dankte,
er hat gedankt
dann
das
dass
die Decke, die Decken
denken, er dachte,
er hat gedacht
denn
der, des, dem, den
deshalb
deutsch
der Dezember
dick, dicker, am dicksten
die
der Dienstag, die Dienstage
diese, dieser
doch
der Donnerstag, die Donnerstage
der Dreck
dringend
du
dunkel, dunkler,
am dunkelsten
dünn, dünner, am dünnsten
durch

E

die Ecke, die Ecken
eckig, eckiger, am eckigsten
ehrlich, ehrlicher,
am ehrlichsten
das Eichhörnchen,
die Eichhörnchen
ein, eine, einer, eines, einem,
einen
einzelnen
die Eltern
endlich
der Enkel, die Enkel
entdecken, er entdeckte,
er hat entdeckt
er
erkennen, er erkannte,
er hat erkannt
erscheinen, er erschien,
er ist erschienen
erschrecken, er erschrak,
er ist erschrocken
erzählen, er erzählte,
er hat erzählt
es
essen, er aß,
er hat gegessen
die Eule, die Eulen

F

fahren, er fuhr,
er ist gefahren

das Fahrrad, die Fahrräder
die Fahrt, die Fahrten
fallen, er fiel, er ist gefallen
die Familie, die Familien
fangen, er fing,
er hat gefangen
fassen, er fasste,
er hat gefasst
der Februar
die Ferien
das Feuer, die Feuer
flach, flacher, am flachsten
fleißig, fleißiger,
am fleißigsten
fliegen, er flog,
er ist geflogen
fließen, es floss,
es ist geflossen
flitzen, er flitzte, er ist geflitzt
der Fluss, die Flüsse
fragen, er fragte,
er hat gefragt
Frankreich
französisch
der Freitag, die Freitage
fressen, er fraß,
er hat gefressen
sich freuen, er freute sich,
er hat sich gefreut
der Freund, die Freunde
die Freundin, die Freundinnen
freundlich, freundlicher,
am freundlichsten
frisst, er frisst
früh, früher, am früh(e)sten
der Frühling, die Frühlinge
der Fuchs, die Füchse
fühlen, er fühlte, er hat gefühlt
für
der Fuß, die Füße
das Futter
füttern, er fütterte,
er hat gefüttert

G

ganz
geben, er gab,
er hat gegeben
der Geburtstag, die Geburtstage
geduldig, geduldiger,
am geduldigsten
gegen
gehen, er ging,
er ist gegangen
das Geschenk, die Geschenke
das Gespenst, die Gespenster
gestern
gesund, gesünder,
am gesündesten
gießen, es gießt, es goss,
es hat gegossen
gibt, er gibt
glatt, glatter,
am glattesten
glauben, er glaubte,
er hat geglaubt
das Glück
glücklich, glücklicher,
am glücklichsten
groß, größer, am größten
der Gruß, die Grüße
grüßen, er grüßte,
er hat gegrüßt
gucken, er guckte,
er hat geguckt
gut, besser, am besten

H

haben, ich habe, er hatte, er hat gehabt
hacken, er hackte, er hat gehackt
halten, er hielt, er hat gehalten
der Hase, die Hasen
hässlich, hässlicher, am hässlichsten
hat, er hat, er hatte
das Haus, die Häuser
der Hausmeister, die Hausmeisterin
heimlich, heimlicher, am heimlichsten
heiß, heißer, am heißesten
heißen, er hieß, er hat geheißen
der Herbst, die Herbste
heulen, er heulte, er hat geheult
heute
hier
hoch, höher, am höchsten
hoffen, er hoffte, er hat gehofft
hoffentlich
das Huhn, die Hühner
der Hund, die Hunde

I

ich
ihm, ihn
ihnen
ihr, ihre
im, in
das Instrument, die Instrumente
das Internet
ist, er ist
isst, er isst

J

das Jahr, die Jahre
der Januar
der Juli
jung, jünger, am jüngsten
der Juni

K

der Kahn, die Kähne
kalt, kälter, am kältesten
kann, er kann
die Kastanie, die Kastanien
die Katze, die Katzen
kaufen, er kaufte, er hat gekauft
die Kirche, die Kirchen
der Klang, die Klänge
der Klassenkamerad, die Klassenkameradin
kleben, er klebte, er hat geklebt
klingeln, er klingelte, er hat geklingelt
klingen, es klang, es hat geklungen
klopfen, er klopfte, er hat geklopft
der Koch, die Köchin
kommen, er kam, er ist gekommen
können, er konnte, er hat gekonnt
die Krake, die Kraken
krank, kränker, am kränksten

das Kraut, die Kräuter
kühl, kühler, am kühlsten
kühlen, er kühlte,
er hat gekühlt
kurz, kürzer,
am kürzesten
der Kuss, die Küsse

L

lachen, er lachte,
er hat gelacht
lang, länger,
am längsten
langsam, langsamer,
am langsamsten
langweilig, langweiliger,
am langweiligsten
lassen, er lässt, er ließ,
er hat gelassen
laufen, er lief,
er ist gelaufen
legen, er legte, er hat gelegt
der Lehrer, die Lehrerin
leicht, leichter,
am leichtesten
lenken, er lenkte,
er hat gelenkt
lesen, er las, er hat
gelesen
leuchten, es leuchtete,
es hat geleuchtet
die Leute
lieben, er liebte,
er hat geliebt
liegen, er lag,
er hat gelegen
liest, er liest
lustig, lustiger, am lustigsten

M

das Mädchen, die Mädchen
mag, ich mag
der Mai
man
manchmal
das Märchen, die Märchen
der März
die Maus, die Mäuse
die Medizin
das Meer, die Meere
mehr
mehrere
mein, meine
das Messer, die Messer
mich
mir
mit
der Mittag, die Mittage
der Mittwoch, die Mittwoche
möchte, ich möchte
mögen, er mochte,
er hat gemocht
der Mond, die Monde
der Montag, die Montage
morgen
der Morgen, die Morgen
die Mücke, die Mücken
müde, müder, am müdesten
der Mund, die Münder
das Museum, die Museen
die Musik
muss, ich muss
müssen, er musste,
er hat gemusst
mutig, mutiger,
am mutigsten
die Mutter, die Mütter

N

nach
der Nachmittag, die Nachmittage
die Nacht, die Nächte
nass, nasser, am nassesten
der Nebel
neb(e)lig, neb(e)liger, am neb(e)ligsten
nehmen, er nahm, er hat genommen
nötig, nötiger, am nötigsten
nicht
nimmt, er nimmt
noch
der November
nun
nur
die Nuss, die Nüsse

O

oder
offen
oft
ohne
das Ohr, die Ohren
der Oktober
der Onkel, die Onkel
ordentlich

P

packen, er packte, er hat gepackt
das Paket, die Pakete
die Pappe, die Pappen
passen, er passte, er hat gepasst
passieren, es passierte, es ist passiert
pfeifen, er pfiff, er hat gepfiffen
die Pflanze, die Pflanzen
pflanzen, er pflanzte, er hat gepflanzt
der Pfleger, die Pfleger
die Pflicht, die Pflichten
die Pfütze, die Pfützen
das Plakat, die Plakate
der Platz, die Plätze
plötzlich
der Polizist, die Polizistin
der Preis, die Preise
probieren, er probierte, er hat probiert
pünktlich, pünktlicher, am pünktlichsten
der Pullover, die Pullover
putzen, er putzte, er hat geputzt
putzig, putziger, am putzigsten

Q

quaken, er quakte, er hat gequakt
die Qualle, die Quallen
quieken, er quiekte, er hat gequiekt

R

der Rand, die Ränder
raten, er riet, er hat geraten
die Ratte, die Ratten
rau, rauer, am rau(e)sten
der Räuber, die Räuber
der Raum, die Räume
rechnen, er rechnete, er hat gerechnet

das Reh, die Rehe
die Reihe, die Reihen
reisen, er reiste, er ist gereist
rennen, er rannte, er ist gerannt
retten, er rettet, er rettete, er hat gerettet
riechen, er roch, er hat gerochen
der Riese, die Riesen
riesig, riesiger, am riesigsten
der Rock, die Röcke
die Rose, die Rosen
rot
rufen, er rief, er hat gerufen
ruhig, ruhiger, am ruhigsten
rühren, er rührte, er hat gerührt
rund

S

der Sack, die Säcke
sammeln, er sammelte, er hat gesammelt
der Samstag, die Samstage
sauer, sauerer, am sauersten
sausen, er sauste, er ist gesaust
schädlich, schädlicher, am schädlichsten
der Schatz, die Schätze
schauen, er schaute, er hat geschaut
der Schaum, die Schäume
schäumen, es schäumte, es hat geschäumt
schenken, er schenkte, er hat geschenkt
schieben, er schob, er hat geschoben
schießen, er schoss, er hat geschossen
schlafen, er schlief, er hat geschlafen
die Schlange, die Schlangen
schleichen, sie schlich, sie ist geschlichen
schließen, er schloss, er hat geschlossen
schließlich
das Schloss, die Schlösser
schmal, schmaler, am schmalsten
schmecken, er schmeckte, er hat geschmeckt
der Schmutz
schmutzig, schmutziger, am schmutzigsten
der Schneider, die Schneiderin
schnell, schneller, am schnellsten
schon
schön, schöner, am schönsten
der Schreck
schreiben, er schrieb, er hat geschrieben
schreien, er schrie, er hat geschrieen
der Schüler, die Schülerin
der Schulleiter, die Schulleiterin
schütteln, er schüttelte, er hat geschüttelt
schützen, er schützte, er hat geschützt

schwach, schwächer,
am schwächsten
schwer, schwerer,
am schwersten
die Schwester, die Schwestern
schwimmen, er schwamm,
er ist geschwommen
der See, die Seen
sehen, er sah, er hat gesehen
sehr
sei
sein, seine, seiner
die Sekretärin, die Sekretärinnen
selbst
der September
setzen, er setzte,
er hat gesetzt
sich
sie
siegen, er siegte,
er hat gesiegt
sieht, sie sieht
sind, wir sind
singen, er sang,
er hat gesungen
sinken, er sank, er ist gesunken
sitzen, er saß, er hat gesessen
so
der Sommer, die Sommer
die Sonne, die Sonnen
sonnig, sonniger, am sonnigsten
der Sonntag, die Sonntage
spannend, spannender,
am spannendsten
der Spaß, die Späße
spät, später, am spätesten
spielen, er spielte,
er hat gespielt
der Sport
sportlich, sportlicher,
am sportlichsten
die Sprache, die Sprachen
sprechen, er sprach,
er hat gesprochen
spricht, er spricht
springen, er sprang,
er ist gesprungen
der Spruch, die Sprüche
der Sprung, die Sprünge
die Stadt, die Städte
stark, stärker, am stärksten
stecken, er steckte,
er hat gesteckt
stehen, er stand,
er hat gestanden
steht, es steht
steil, steiler, am steilsten
stellen, er stellte,
er hat gestellt
der Stiefel, die Stiefel
stöhnen, er stöhnte,
er hat gestöhnt
stolpern, er stolperte,
er ist gestolpert
die Straße, die Straßen
strahlen, er strahlte,
er hat gestrahlt
streicheln, er streichelte,
er hat gestreichelt
der Streit, die Streite
streiten, er stritt,
er hat gestritten
der Strick, die Stricke
das Stück, die Stücke
der Stuhl, die Stühle
die Suppe, die Suppen

süß, süßer, am süßesten

T

täglich
tanken, er tankte, er hat getankt
tanzen, er tanzte, er hat getanzt
der Tänzer, die Tänzerin
die Tasse, die Tassen
tatsächlich
teuer, teurer, am teuersten
der Teufel, die Teufel
der Text, die Texte
das Theater, die Theater
tief, tiefer, am tiefsten
das Tier, die Tiere
der Tierpfleger, die Tierpflegerin
toben, er tobte, er hat getobt
toll, toller, am tollsten
tragen, er trug, er hat getragen
der Traum, die Träume
träumen, er träumte, er hat geträumt
treffen, er traf, er hat getroffen
trinken, er trank, er hat getrunken
der Turm, die Türme
turnen, er turnte, er hat geturnt

U

üben, er übte, er hat geübt
über
überall
das Ufer, die Ufer
die Uhr, die Uhren
um
und
ungefährlich, ungefährlicher, am ungefährlichsten
unglücklich, unglücklicher, am unglücklichsten
unheimlich, unheimlicher, am unheimlichsten
uns
unter
unternehmen, er unternahm, er hat unternommen
der Unterricht

V

der Vater, die Väter
verändern, er veränderte, er hat verändert
verfärben, er verfärbte, er hat verfärbt
verfassen, er verfasste, er hat verfasst
der Verkäufer, die Verkäuferin
verstecken, er versteckte, er hat versteckt
verstehen, er verstand, er hat verstanden
verteilen, er verteilte, er hat verteilt
viel, mehr, am meisten
viele
vielleicht
vier
der Vogel, die Vögel
vom, von
vor

vorfahren, er fuhr vor,
er ist vorgefahren
vorschreiben, er schrieb vor,
er hat vorgeschrieben
vorsorgen, er sorgte vor,
er hat vorgesorgt

W

wach, wacher, am wachsten
die Wahrheit, die Wahrheiten
die Wand, die Wände
wann
war, er war
warm, wärmer, am wärmsten
warum
was
das Wasser
wehen, es wehte,
es hat geweht
weich, weicher,
am weichsten
weinen, er weinte,
er hat geweint
weiß
weit, weiter, am weitesten
welche
die Welle, die Wellen
wenn
wer
werden, er wurde,
er ist geworden
das Wetter
wie
wieder
will, ich will
der Wind, die Winde
winken, er winkte,
er hat gewinkt
der Winter, die Winter
wir
wird, er wird
wissen, er wusste,
er hat gewusst
wo
wohnen, er wohnte,
er hat gewohnt
die Wolke, die Wolken
wolkig, wolkiger,
am wolkigsten
wollen, er wollte,
er hat gewollt
wünschen, er wünschte,
er hat gewünscht

Z

die Zahl, die Zahlen
zählen, er zählte,
er hat gezählt
der Zahn, die Zähne
der Zaun, die Zäune
die Zeit, die Zeiten
die Zeitung, die Zeitungen
ziehen, er zog, er hat
gezogen
ziemlich
das Zimmer, die Zimmer
die Zitrone, die Zitronen
zu
der Zucker
zulassen, er ließ zu,
er hat zugelassen
zum
zur
zurufen, er rief zu,
er hat zugerufen
zusammen

Quellennachweis

S. 16/17: Schöne, Gerhard (Text): Ich schreibe in mein Tagebuch. © Rechte beim Urheber.
S. 17: Scheerbaum, Peter: Ich bin so, wie ich bin. Aus: Scheerbaum, Peter: Paula und die Kistenkobolde. beta Institut für sozialmedizinische Forschung und Entwicklung Verlags GmbH, Augsburg 2005.
S. 18/19: Fuchs, Ursula: So stachelig wie ein Kaktus. Aus: Portmann, Rosemarie (Hrsg.): Mut tut gut. Arena Verlag, Würzburg 1994.
S. 19: Trautmann, Sabine: Wutgedicht. Originalbeitrag.
S. 20: Bodden, Ilona: Das große Schimpfgedicht. Aus: Zarkis, Ursula (Zusammenstellung), von Seidlein, Cornelia (Illustrationen): Wenn die weißen Riesenhasen abends übern Rasen rasen. Kindergedichte aus vier Jahrhunderten. Marix Verlag, Wiesbaden 2004.
S. 21: Wittkamp, Frantz: Warum sich Raben streiten. Aus: Gelberg, Hans-Joachim (Hrsg.): Überall und neben dir. Beltz Verlag, Weinheim 1986.
S. 22/23: Trautmann, Sabine: Freundschaftsspiele. Originalbeitrag.
S. 24/25: Maar, Paul: Das Sams in der Schule. Aus: Maar, Paul: Eine Woche voller Samstage. Verlag Friedrich Oetinger, Hamburg 1973.
S. 31: Wittkamp, Frantz: Warum sich Raben streiten. Aus: Gelberg, Hans-Joachim (Hrsg.): Überall und neben dir. Beltz Verlag, Weinheim 1986.
S. 33: Britting, Georg: Goldene Welt. Aus: Das Flügelpferd. Gedichte für Groß und Klein, hrsg. von Signe Selke. Schroedel Verlag GmbH, Hannover 1999.
S. 36: Schramm, Karin: Warum verlieren Bäume ihre Blätter? Originalbeitrag.
S. 44/45: Schramm, Karin: Streit der Jahreszeiten. Originalbeitrag.
S. 46: Schramm, Karin: Die Rosskastanie. Originalbeitrag.
S. 47: Schirmer, Erika: Rätsel. Aus: Sprachspiele für Kinder. Über 300 lustige Verse und Geschichten, hrsg. von Waltraut Singer. Ravensburger Buchverlag, Ravensburg 1995, 2005.
S. 48: Guggenmos, Josef: Der Wind. Aus: Ich will dir was verraten. Beltz Verlag, Weinheim und Basel 1992.
S. 49: Herbstgedichte. Schülerbeispiele.
S. 50–52: Lionni, Leo: Frederick. Übersetzung: Fuchs, Günter Bruno. Middelhauve Verlag, Köln 1983.
S. 53: Trautmann, Sabine: Feldmäuse. Originalbeitrag.
S. 66: Wiegelmann, Kathrin: Hexengedicht. Originalbeitrag.
S. 72: Guggenmos, Josef: Da lieg ich im Bett. Aus: Gelberg, Hans-Joachim (Hrsg.): Was für ein Glück. Beltz Verlag, Weinheim und Basel 1993.
S. 73: Stevenson, Robert Louis: Mein Bett ist ein Boot. Aus: Provensen, A./Provensen, M.: Im Versgarten. Gedichte für ein Kind. Übersetzung: Krüss, James. Otto Maier Verlag 1960.
S. 73: Hirsch, Josephine: Die Muschel hat das Meer gefangen. Aus: Das Knusperhaus. Herder & Co. Wien, 1988.
S. 74/75: Lindgren, Astrid: Pippi und ihre Gespenster. (gekürzt) Aus: Lindgren, Astrid: Pippi feiert Geburtstag. Übersetzung von Cäcilie Heinig. Verlag Friedrich Oetinger, Hamburg 1999.
S. 76/77: Preußler, Otfried: Die kleine Hexe hat Ärger. (gekürzt) Aus: Preußler, Otfried: Die kleine Hexe. Thienemann Verlags GmbH, o. J.
S. 78: Wiegelmann, Kathrin: Schloss Wernigerode. Originalbeitrag.
S. 79: Fröhlich, Roswitha: Achtung! Spukzeit! Caspars Traumbuch. Geschichten und Gedichte mit Bildern von Andreas Röckener. Hamburg: Carlsen Verlag 1997.
S. 80: Cratzius, Barbara (Text): Hoch oben im Gespensterschloss. (Ausschnitt). © Rechte beim Urheber.
S. 91: Schramm, Karin: Schnecken. Originalbeitrag.
S. 100: Maar, Paul: Der Unterschied. Aus: Paul Maar: JAguar und NEINguar. Gedichte von Paul Maar. Verlag Friedrich Oetinger, Hamburg 2007.
S. 101: Kazianka, Caroline: Eingangstext Schnecken. Aus: Von Anton bis Zylinder. Das Lexikon für Kinder. Der Kinderbuchverlag, Berlin 2008.
S. 101: Wiegelmann, Kathrin: Schneckenarten. Originalbeiträge.
S. 102: Aesop: Rabe und Pfauen. Aus: Mc Clintock, Barbara: Von schlauen Füchsen und fremden Federn. Übersetzung: Schönfeldt, Sybil. Coppenrath Verlag, Münster 1993.
S. 103: Aesop: Der Adler und der Rabe. Aus: TU WAS! Raben- Spiel- und Spaßbuch. Ein Dominobuch 1999.
S. 104: Wiegelmann, Kathrin: Zoos in Deutschland. Originalbeitrag.
S. 105: Schramm, Karin: Menschenaffen. Originalbeitrag.
S. 106/107: Rodrian, Fred/Klemke, Werner: Hirsch Heinrich. (Auszug) Der Kinderbuchverlag in der Verlagsgruppe Beltz, Weinheim, Basel, Berlin 2003.
S. 108: Inkiow, Dimiter: Kannst du mich fangen? Aus: Dimiter Inkiow: Maus und Katz. Franz Schneider Verlag, München 1997.
S. 109: Comic aus: Davis, Jim: Garfield spielt auf. 1. Sammelband. Wolfgang Krüger Verlag 1987.
S. 115: Auszug aus: Rodrian, Fred/Klemke, Werner: Hirsch Heinrich. (Auszug) Der Kinderbuchverlag in der Verlagsgruppe Beltz, Weinheim, Basel, Berlin 2003.
S. 115: Auszug aus: Inkiow, Dimiter: Kannst du mich fangen? Aus: Dimiter Inkiow: Maus und Katz. Franz Schneider Verlag, München 1997.
S. 128: Lichtenberg, Georg Christoph: Zitat. Aus: Schüler Gutenberg-Gymnasium Erfurt und Mainz (Hrsg.), Projektleitung: Dettke, Birgit/Girke, Johanna: Gutenberg? Gutenberg! Rhino Verlag, Arnstadt, 2000.
S. 128: Erbstößer, Renate: Im Druckereimuseum. Originalbeitrag.
S. 129: Kargl, Sonja: Besuch in einer Schuldruckerei. Originalbeitrag.
S. 130/131: Kargl, Sonja: Die geheime Botschaft. Originalbeitrag.
S. 131: Kargl, Sonja: Rezept für Geheimtinten. Originalbeitrag.
S. 132/133: Colfer, Eoin: Tim und das Geheimnis von Knolle Murphy. (Auszug) Aus dem Englischen übersetzt von Brigitte Jakobeit. Beltz & Gelberg in der Verlagsgruppe Beltz, Weinheim Basel 2005.
S. 133: Erbstößer, Renate: Eoin Colfer. Originalbeitrag.
S. 134/135: Kargl, Sonja: Wie ein Buch entsteht. Originalbeitrag.
S. 136/137: Kargl, Sonja: Interview mit der Illustratorin Anke Kuhl. Originalbeitrag.
S. 156: Erbstößer, Renate: Ein französischer Maler. Originalbeitrag.
S. 157: Ende, Kerstin: Eine französische Wissenschaftlerin, ein französischer Autor. Originalbeiträge.
S. 158/159: Chidolue, Dagmar: Millie macht Kunst. Aus: Chidolue, Dagmar: Millie in Paris.: Fischer Verlag, Frankfurt a. M., 2000.
S. 160/161: Langen, Annette (Text)/Droop, Constanza (Illustration): Briefe von Felix. Ein kleiner Hase auf Weltreise. Coppenrath Verlag Münster 1994.
S. 162/163: Asterix und Obelix – Tour de France. Aus: Goscinny/Uderzo: Großer Asterix-Band VI. Übersetzung von: Gudrun Penndorf. Delta Verlag, Stuttgart 1987. Copyright 2003 Les Editions Albert Rene/Goscinny-Uderzo.

S. 171: Das Jahr ist wie ein Buch. Text und Musik: Zeuch, Christa. © Rechte beim Urheber.
S. 172/173: Matthießen, Wilhelm: Das Märchen vom guten Kartoffelkönig. (gekürzt) Aus: Barff, Ursula: Lauter tolle Sachen, die Kinder gerne machen. Vehling-Verlag, Berlin 1995.
S. 174: Herbstrondelle. Schülerbeispiele.
S. 175: Wenn der frische Herbstwind weht. Text: Sixtus, Albert. Melodie: Klein, Richard Rudolf. Daimonion Verlag, Wiesbaden.
S. 175: Fischer, Margret: Herbsträtsel (Auszug). Aus: Medienwerkstatt Mühlacker Verlagsgesellschaft mbH und deren Lizenzgeber. www.grundschulmaterial.de.
S. 176: Koegel, Fritz und Emily: Der Bratapfel. Aus: Das schönste Fest. Hrsg.: Juliane Metzger © 1970 by Verlag Annette Betz im Verlag Carl Ueberreuter, Wien – Heidelberg.
S. 176: Kargl, Sonja: Rezept für Bratapfel. Originalbeitrag.
S. 177: Morgenstern, Christian: Schnupfenzeit. Aus: Morgenstern Christian: Alle Galgenlieder. Gustav Kiepenheuer Verlag, Leipzig, Weimar 1981.
S. 177: Hock-Schatz, Angela: Warum bekommen wir Schnupfen? Originalbeitrag.
S. 178: Pörsel, Ortfried: Am Nikolausabend. Aus: Ingrid Schoeffinius-Pfeiffer (Hrsg.). Vom Himmel hoch … Goldmann Verlag, München 1969.
S. 179: Kargl, Sonja: Weihnachten in anderen Ländern. Originalbeitrag.
S. 180/181: Wolf, Friedrich: Die Weihnachtsgans Auguste. (gekürzt) Aufbau-Verlag, Berlin 2002.
S. 182/183: Ruck-Pauquèt, Gina: Die Erfindung des neuen Jahres. Aus: Brügel-Fritzen, Sabine (Hrsg.): Selbst Riesen sind am Anfang klein. Ellermann Verlag, München 1993.
S. 183: Guggenmos, Josef: Neujahrsnacht. Aus: Guggenmos, Josef: Oh, Verzeihung sagte die Ameise. Beltz Verlag. Weinheim 1993.
S. 184: Kargl, Sonja: Schneeflocken, Eisblumen. Originalbeitrag.
S. 184: Eisblumen basteln. Aus: Oesterle, Birgit: Das große Spielen-und-Lernen-Jahrbuch für Kinder. Mein buntes Jahr in der Natur. Velber Verlag, 2004.
S. 185: Vahle, Frederik: Das Gewicht der Schneeflocke. Aus: Weihnachtsgrüße. Middelhauve Verlag, Köln 1986.
S. 186: Jooß, Erich: Etwas fängt an. Aus: Jooß, Erich und Regina (Hrsg.): Den Wind kann man nicht fangen. Don Bosco Verlag, München 2005.
S. 187: Ehrhardt, Monika (Text): Ich bin doch kein Schneemann. © Rechte beim Urheber.
S. 188: Hock-Schatz, Angela: Rund ums Ei. Originalbeitrag.
S. 189: Janosch: Das Liebesbrief-Ei. Aus: Gelberg, Hans-Joachim (Hrsg.): Überall und neben dir. Beltz Verlag, Weinheim und Basel 1986.
S. 190: Scheffler, Ursel: Flunkerfranz. Aus: Scheffler, Ursel: Leselöwen Ostergeschichten. Loewe Verlag, Bindlach 2001.
S. 191: von Fallersleben, H. Hoffmann (Text), Musik mündlich überliefert: 1. Zeile: Alle Vögel sind schon da. Aus: Duett: Das Liederbuch. Klett Mainz 2004.
S. 191: Kargl, Sonja: Eine Schwalbe macht noch keinen Sommer. Originalbeitrag.
S. 192/193: Rodrian, Fred/Klemke, Werner: Die Schwalbenchristine. (gekürzt) Kinderbuch Verlag GmbH, Berlin 2003.
S. 194/195: Korschunow, Irina: Niki und das Dreimeterbrett. Aus: Irina Korschunow: Niki aus dem 10. Stock. © bei Herold, Stuttgart, 1973.
S. 196: Hofbauer, Friedl: Was ist eine Wiese? Aus: Bydlinski, Georg (Hrsg.) Der Wünschelbaum. Herder Verlag, Freiburg, Wien 1984.
S. 197: Keyserling, Sylvia: Der Wolkenpolterer geht um. Aus: Das große Spielen-und-Lernen-Jahrbuch für Kinder. Velber Verlag, Family Media GmbH, Freiburg, 2004.
S. 198: Kargl, Sonja: Ameisen. Originalbeitrag.
S. 199: Kargl, Sonja nach Aesop: Die Ameise und die Grille. Aus: Lütge, Jürgen (Hrsg.): Die Grille, der Löwe und die Wahrheit. Scherz, 1987.
S. 199: Krüss, James: Die Ameisenkinder. Aus: Kliewer, Heinz-Jürgen (Hrsg.): Die Wundertüte. Alte und neue Gedichte für Kinder. Stuttgart: Reclam Verlag 1989.
S. 200/201: Birnbaum, Brigitte: Der Zettel hinterm Spiegel. Aus: Hanspach, Beate und Rodrian, Fred (Hrsg.): Der Traumhut, Gute-Nacht-Geschichten von A bis Z. Der Kinderbuchverlag, Berlin 1984.

Trotz umfangreicher Bemühungen ist es in wenigen Fällen nicht gelungen, die Rechteinhaber für Texte einiger Beiträge ausfindig zu machen. Der Verlag ist hier für entsprechende Hinweise dankbar. Berechtigte Ansprüche werden selbstverständlich im Rahmen der üblichen Vereinbarungen abgegolten.

Abbildungsverzeichnis
S. 4.1: Klett-Archiv, Stuttgart;
S. 4.2: Mauritius Images, Mittenwald;
S. 5.1: Klett-Archiv (Pham, Erfurt), Stuttgart;
S. 5.2: Klett-Archiv (Köcher, Erfurt), Stuttgart;
S. 11.1: Klett-Archiv (Köcher, Erfurt), Stuttgart;
S. 11.2: Klett-Archiv (Pham, Erfurt), Stuttgart;
S. 24.1: Verlag Friedrich Oetinger GmbH, Hamburg;
S. 25.1: Verlag Friedrich Oetinger GmbH, Hamburg;
S. 32.1: iStockphoto (Elena Loginova), Calgary, Alberta;
S. 38.1: Okapia, Frankfurt;
S. 38.2: PantherMedia GmbH (Olaf Kloß), München;
S. 38.3: Alamy Images (Niall Benvie), Abingdon, Oxon;
S. 39.1: PantherMedia GmbH (Roland Vogel), München;
S. 39.2: Tierbildarchiv Angermayer, Holzkirchen;
S. 39.3: Okapia, Frankfurt;
S. 43.1: WILDLIFE Bildagentur GmbH, Hamburg;
S. 43.2: Reinhard-Tierfoto, Heiligkreuzsteinach;
S. 46.1: shutterstock (Kostyantyn Ivanyshen), New York, NY;
S. 46.2: shutterstock (Miroslav Hlavko), New York, NY;
S. 46.3: Klett-Archiv, Stuttgart;
S. 49.1: Klett-Archiv, Stuttgart;
S. 49.2: Klett-Archiv, Stuttgart;
S. 53.1: Naturfotografie Frank Hecker, Panten-Hammer;
S. 53.2: Silvestris/Natura 2000 Medienservic, Dießen;
S. 53.4: aus: Gaßner, Mäuse © 2006, Verlag Eugen Ulmer, Stuttgart;
S. 63.1: Mauritius Images (T. Lemme, Berlin), Mittenwald;
S. 63.2: Höllerer Büro für Kommunikation und Gestaltung, Stuttgart;
S. 63.3: MEV Verlag GmbH, Augsburg;
S. 73.1: Avenue Images GmbH RF (Ingram Publishing), Hamburg;
S. 76.1: Illustration von Winnie Gebhardt aus: Otfried Preußler, Die kleine Hexe © 1957 by Thienemann Verlag (Thienemann Verlag GmbH), Stuttgart – Wien;
S. 77.1: Thienemann Verlag GmbH, Stuttgart;
S. 78.1: Fotolia LLC (Frank), New York;
S. 78.2: Schloß Wernigerode Verwaltungs- u. Betriebsgesellschaft® mbH;
S. 78.3: Schloß Wernigerode Verwaltungs- u. Betriebsgesellschaft® mbH;
S. 78.4: Schloß Wernigerode Verwaltungs- u. Betriebsgesellschaft® mbH;
S. 81.1: Klett-Archiv (Lemme, Berlin), Stuttgart;
S. 88.1: Fotolia LLC (Buffy 1982), New York;
S. 88.2: Fotosearch Stock Photography (Digital Vision), Waukesha, WI;